Magia in 5 minuti per la
STREGA MODERNA

Magia in 5 minuti per la STREGA MODERNA

Guida rapida a rituali, incantesimi, formule magiche

CERRIDWEN GREENLEAF

ARMENIA

Afferra il sonaglio, impacchetta i sogni.
Mano nella mano in una terra magica cammineremo.

LUISAH TEISH

Questo libro è dedicato alle antenate, alle guaritrici, alle anziane e a tutte le donne che hanno tramandato la saggezza che utilizziamo oggi. A loro il nostro amore e la nostra gratitudine eterni.

Titolo originale dell'opera:
5-Minute Magic for Modern Wiccans- rapid rituals, efficient enchantments, and swift spells

Traduzione dall'inglese di Rossana Terrone

Via Milano 73/75 - 20010 Cornaredo (MI)
Tel. 02 99762433
www.armenia.it
info@armenia.it

Stampato da Starprint

Avvertenza: Sebbene gli oli essenziali, le erbe, gli incensi e alcune pratiche siano impiegati per le loro proprietà terapeutiche, non possono sostituire in alcun caso la formulazione di una diagnosi o la prescrizione di un trattamento. In presenza di qualsiasi tipo di patologie, intolleranze, stati di gravidanza, allergie ecc., si raccomanda di chiedere sempre il parere del proprio medico curante e/o di specialisti. L'autore e l'editore non sono in alcun caso responsabili di eventuali danni collegabili all'uso dei contenuti e delle indicazioni riportati in questo libro.

Indice

Introduzione:

Più magia in meno tempo

Ammettiamolo: tutte noi abbiamo troppo da fare. Persino i bambini e gli adolescenti hanno bisogno di un'agenda e di un calendario per star dietro a tutte le attività che affollano questa nostra vita frenetica. E, nel frattempo, i nostri dispositivi elettronici non smettono di inviare i loro segnali acustici, rammentandoci costantemente la pletora di impegni che abbiamo in agenda. Che cosa dovrebbe fare una strega superimpegnata? Io sostengo che la magia sia un valido e prezioso aiuto, nonché un modo meravigliosamente creativo di occuparci di noi stesse.

Non avendo a disposizione abbastanza tempo per svolgere quotidianamente operazioni magiche e riti che durano ore – da riservare per le cerimonie importanti, le celebrazioni del novilunio, e i raduni di gruppo – potete sempre condurre una vita magica avvalendovi di incantesimi e sortilegi che seguono i tempi di uno stile di vita pagano del ventunesimo secolo. Bastano 5 minuti al giorno di magia per rendere la vostra vita più ricca, per non parlare degli enormi benefici in termini di salute, prosperità, amore, fortuna, e di quel senso di pienezza che può nascere soltanto dall'equilibrio tra mente, corpo e spirito.

Questo libro è la risposta a tutti i commenti e suggerimenti che voi, care lettrici, mi avete inviato attraverso le vostre lettere, e-mail, messaggi su Facebook e interventi sul blog. Messaggio ricevuto, forte e chiaro! Voi volete più magia in meno tempo per le vostre febbrili e preziose esistenze. Grazie al vostro contributo, gli incantesimi che troverete qui, pur rifacendosi all'antica saggezza, sono stati aggiornati per rispondere alle esigenze dei tempi moderni; l'enfasi è sulla massima manifestazione nel minor tempo possibile. Qui ho riunito una serie di operazioni magiche collaudate le quali, pur avendo dei tempi di risposta rapidi, offrono risultati concreti.

Tutti i rituali che troverete nel libro si basano sulla pratica della Wicca, corrente spirituale pagana che si rifà all'antica stregoneria. Li presento semplicemente in una veste più moderna, e più consona ai nostri tempi.

Questo è un libro di magia a tutto tondo, con rituali, incantesimi e formule magiche che potete applicare a ogni aspetto della vita: salute, ricchezza, lavoro, creatività, casa e famiglia, cura di sé e amore. Il progetto prende spunto da un mio libro precedente, che era semplice, diretto e pensato per ottenere risultati rapidi. Quando ero più giovane, volevo tutto e subito! Oggi, la gente è più indaffarata che mai e chiede riti e incantesimi veloci. Concordo con voi, care sorelle wiccan: è arrivato il momento di imprimere una accelerazione alla magia!

BOOK OF
SHADOWS

Gli strumenti della strega: Tutto ciò che vi occorre sapere per svolgere velocemente una operazione magica

Benvenute nel mondo della magia veloce! Uno dei modi migliori per preparare il terreno per rituali rapidi e operazioni magiche efficaci consiste nel pianificare in anticipo e nel fare acquisti intelligenti, due cose facili da farsi anche con il nostro stile di vita frenetico. Oggigiorno, in farmacia, nelle erboristerie e persino nei supermercati si possono trovare candele bellissime e oli essenziali; nei centri del fai-da-te, ogni genere di corde, spaghi, lacci e laccetti; e poi una vasta scelta di incensi, erbe e cristalli nei negozi specializzati; e tutti gli oggetti metafisici indispensabili proprio dietro l'angolo. Io stessa non riesco a credere che le scope magiche alla cannella si trovino anche on-line! Tutto questo vi consente di velocizzare qualsiasi operazione e di imboccare la corsia preferenziale verso una vita più felice infusa ad ogni passo di magia. Gli incantesimi e i rituali presenti in questo libro coprono tutti gli aspetti, e ce n'è davvero per tutte, dalle principianti a quelle tra voi che sono già molto addentro all'arte. Questo capitolo ha lo scopo di illustrare le nozioni di base, nonché di indicare gli strumenti e le conoscenze utili per spianare la strada a una magia che sia davvero rapida.

Gli strumenti essenziali

L'*altare* è l'epicentro del lavoro magico, e il vostro spazio di potere personale. Sull'altare si dispongono gli oggetti simbolici e funzionali utili a svolgere incantesimi e rituali, ma è anche il luogo da cui si innalzano i canti e le preghiere. Il vostro altare può e deve evolvere e modificarsi con le stagioni.

Il *Libro delle Ombre* è un quaderno di vostra scelta dove annotare tutte le operazioni magiche, e prendere appunti. Ogni volta che lo consulterete per testare l'efficacia di un rituale, vi servirà per perfezionare la vostra arte e accrescere il vostro potere.

Le *candele* sono fondamentali in quanto racchiudono le energie dei quattro elementi:

- *Aria* – L'ossigeno alimenta la fiamma della candela.
- *Terra* – La cera solida costituisce la candela.
- *Acqua* – La cera sciolta è lo stato liquido dell'elemento.
- *Fuoco* – La fiamma arde e avvampa.

Potete «rivestire» o ungere la candela applicando un paio di gocce di olio essenziale sulla superficie usando un contagocce oppure un batuffolo di cotone. Fatevi guidare dall'intuito nella scelta delle dimensioni, forme e colori. Io vi consiglio di tenere a portata di mano un assortimento variegato. Candele di colori diversi possono rafforzare gli incantesimi, e molti dei rituali in questo libro suggeriscono colori specifici.

Coltelli magici: l'athame è il vostro coltello magico e va collocato sul lato destro dell'altare. L'athame, che viene usato per dirigere le energie che vengono innalzate durante un rituale, solitamente presenta una lama smussata. Poiché il nero è il colore che assorbe l'energia, questi coltelli dovranno avere un manico nero. Il *bolline*, invece, è un coltello dal manico bianco usato per realizzare altri strumenti o per tagliare materiali quali corde ed erbe all'interno del cerchio magico. Con il bolline potete recidere il ramo che vi servirà per creare la vostra bacchetta, per esempio.

Le *scope* (o «ramazze») hanno sicuramente catturato l'immaginazione popolare in quanto emblema delle streghe. L'utilizzo della scopa come strumento magico nacque dall'abitudine di spazzare l'area del rituale prima e dopo aver lanciato un incantesimo. Adesso vengono usate perlopiù per gestire simbolicamente l'energia.

I *calderoni* rappresentano la Dea (chiamata anche Fonte o potere divino). La base rotonda simboleggia il grembo da cui nasce ogni forma di vita. Un calderone in ghisa può sopportare il fuoco e può essere usato anche per bruciare l'incenso o la salvia purificatrice. Se c'è spazio, potete sistemare il calderone sull'altare, oppure metterlo sul pavimento alla sinistra dell'altare stesso.

Gli *oli essenziali* sono prodotti naturali ottenuti dalla distillazione di erbe e fiori, preferibilmente organici. Trattengono la fragranza della pianta originaria dalla quale sono stati estratti. Quando preparate una miscela, una pozione o lozione, diluite sempre gli oli essenziali in un olio vettore (o base) come quello di jojoba, mandorle, albicocca, vinacciolo o sesamo, in modo da renderlo sicuro per uso topico. Vi consiglio di fare sempre un test di tolleranza cutanea: applicate 1-2 gocce della vostra miscela nella piega del gomito, poi attendete per 24 ore per verificare che non provochi reazioni indesiderate.

I significati magici degli oli essenziali

- *Potere psichico*: gelsomino, benzoino, cannella, legno di sandalo
- *Coraggio*: geranio, pepe nero, olibano
- *Distruggere energie e spiriti negativi*: basilico, chiodi di garofano, olibano, ginepro, mirra, pino, menta piperita, rosmarino, sigillo di Salomone, achillea, verbena
- *Divinazione*: canfora, arancio, chiodi di garofano
- *Incantesimi*: zenzero, mandarino, ambra, mela
- *Guarigione*: alloro, legno di cedro, cannella, coriandolo, eucalipto, ginepro, lime, rosa, legno di sandalo, menta romana
- *Gioia*: lavanda, neroli, bergamotto, vaniglia
- *Amore*: albicocca, basilico, camomilla, chiodi di garofano, copale, coriandolo, rosa, geranio, gelsomino, limone, lime, neroli, rosmarino, ylang-ylang
- *Fortuna*: arancio, noce moscata, rosa, verbena
- *Pace*: lavanda, camomilla
- *Prosperità*: basilico, chiodi di garofano, zenzero, cannella, noce moscata, arancio, quercia, muschio, patchouli, menta piperita, pino, aloe
- *Protezione*: alloro, anice, pepe nero, cedro, chiodi di garofano, cipresso, copale, eucalipto, olibano, geranio rosa, lime, mirra, lavanda, ginepro, legno di sandalo, vetiver
- *Sessualità*: cardamomo, citronella, ambra, rosa, chiodi di garofano, oliva, patchouli

L'*incenso* contiene energie intrinseche che potete sfruttare per rafforzare il vostro intento e il vostro scopo. Tutti i negozi che vendono prodotti biologici e articoli New Age, nonché le erboristerie, hanno un'ampia varietà di incensi in coni, bastoncini e sfusi. Molti incantesimi richiedono la preparazione di una mistura di incensi, e il modo migliore è quello di ridurre in polvere gli ingredienti con mortaio e pestello. Dopodiché potete conservare la polvere in piccoli barattoli con chiusura ermetica. Questo tipo di incenso in polvere va bruciato su una pastiglia di carboncino, che si trova facilmente negli stessi negozi di cui sopra in confezioni da dieci. La pastiglia va messa su un piattino di vetro o argilla resistente al calore, oppure potete usare il vostro turibolo dal quale si sprigioneranno incantevoli spirali di fumo. Un altro genere di fumo sacro sul quale vi abituerete a fare affidamento è quello della salvia, che serve a purificare uno spazio. I fagottini di salvia si trovano già pronti in qualsiasi negozio di articoli New Age, ed è molto importante tenerli a portata di mano durante le operazioni magiche.

L'*incensiere*, o turibolo, è un contenitore di metallo in cui si fa bruciare l'incenso e rappresenta gli elementi dell'Aria e del Fuoco. Va posto al centro dell'altare. L'incenso può essere utilizzato per purificare gli strumenti sacri e ripulire lo spazio rituale.

Il *pendolo* è uno strumento magico che aiuta a prendere una decisione. I pendoli si possono facilmente acquistare on-line o nelle librerie esoteriche, ma potete anche realizzarlo da sole, con un cordino di pelle (30 cm) e un piccolo quarzo rosa con una estremità a punta. Avvolgete il cordino attorno al quarzo, annodandolo, poi testatelo per vedere qual è il «sì» e quale il «no». La prova si fa ponendo delle domande a risposta breve (sì/no) di cui conoscete già la risposta, e osservando come reagisce il pendolo; noterete che oscilla in modo diverso a ogni domanda, per esempio, girando in senso orario o antiorario, oppure avanti e indietro.

Corde e cordoncini di diversi colori sono utili nelle operazioni magiche – una corda magica è uno strumento che vi lega alla magia. A me piacciono i cordoncini di seta perché sono deliziosi al tatto e belli a vedersi, ma anche i filati di lana vanno benissimo e inoltre sono disponibili in un infinito assortimento di tonalità magiche.

Il *potpourri* è la base della magia dei fiori per la strega del confine e per le erboriste. Anche voi dovete tenere un mix di fiori, petali ed erbe essiccate che andrete poi a mischiare associandole a energie speciali.

Le *bacchette* sono conduttori di energia e di magia personale; come tali, la vostra dovrà essere uno strumento molto speciale fatto o scelto con cura. Ulteriori informazioni nella prossima pagina.

Realizzare lo strumento della manifestazione

La bacchetta viene usata per dirigere l'energia. È meglio crearne una impregnandola con la propria energia personale. Potete recarvi in un parco o in un bosco e cercare un ramo caduto adatto allo scopo. Il ramo non deve mai essere reciso direttamente da un albero, perché la bacchetta tratterrà l'energia traumatica causata da questa azione. Lasciate che sia Madre Natura a sceglierne uno per voi; lei non si sbaglia mai. Potreste trovate la bacchetta perfetta su una spiaggia, tra i legni trasportati dalle onde.

Che cosa vi serve:

- ✶ un pezzo di legno (vedere i suggerimenti di seguito)
- ✶ carta vetrata
- ✶ bolline
- ✶ filo di rame (30 cm)
- ✶ un cristallo a piacimento da usare come puntatore (v. pag. 114 per suggerimenti)
- ✶ perline, lustrini, conchiglie, piccoli cristalli, o altre decorazioni a vostra scelta

Una volta trovato il ramo perfetto, levigatelo con la carta vetrata finché al tatto non vi rimanda una bella sensazione, e questo è molto importante. Se il ramo che avete trovato è troppo lungo, usate il bolline magico per ridurlo a una lunghezza di 30 cm, o quella che preferite. Avvolgete il filo di rame attorno a una estremità, poi fissate il cristallo in cima. La bacchetta deve apparire bellissima ai vostri occhi, perciò decoratela con quello che più vi piace: perline, lustrini, conchiglie, piccoli cristalli, o qualsiasi altra cosa riteniate importante per accrescere il potere di questo strumento rituale.

Nella scelta dei legni da utilizzare per costruire la bacchetta, ricordate che ognuno ha una proprietà particolare:

- ✶ *Betulla* (*Betula pendula*) – ha una energia femminile e ha il potere di risanare. I giovani rami, fatti bollire, erano usati tradizionalmente per lenire tagli e contusioni. Usate una bacchetta di betulla per gli incantesimi di guarigione, per riportare la calma, e per chiedere una soluzione diplomatica.
- ✶ *Melo selvatico* (*Malus sylvestris*) – vi offrirà delle bacchette ritorte e nodose. Il melo è l'albero della conoscenza e della saggezza. Il suo legno e i suoi frutti sono estremamente utili nella stregoneria. Usate una bacchetta di melo quando avete bisogno di una guida, volete conoscere la verità, o semplicemente da utilizzare tutti i giorni.
- ✶ *Sorbo degli uccellatori* o *sorbo montano* (*Sorbus aucuparia*) – si tratta di una «pianta portale», pertanto quando volete intraprendere un viaggio o svolgere una visualizzazione guidata, tenete accanto a voi una bacchetta di sorbo.
- ✶ *Quercia* (*Quercus robur*) – un legno con una forte energia maschile, ottimo per guarire e proteggere. Ideale per una bacchetta duratura da usarsi nelle operazioni dove la concentrazione è intensa. Se scegliete di utilizzare solo una bacchetta, realizzatela con questo legno.

Troverete altri suggerimenti sui materiali per le bacchette alle pagg. 53, 80 e 97.

Introdurre la magia nella vita

Quando create uno spazio sacro, come l'altare, dove troveranno posto i vostri strumenti magici, create una sorta di universo dove il mondo terreno viene lasciato fuori. Uno spazio che potete ricavare in casa o in giardino, e anche se non è isolato dai rumori esterni, avrete modo di viverne la sacralità. Qualunque luogo può trasformarsi in un cerchio magico, e ne potete creare uno ovunque, «tracciandolo» o disegnandolo nell'aria concentrando l'energia con l'ausilio della bacchetta o dell'athame. All'interno del cerchio si innalza l'energia, e si compiono tutte le operazioni magiche. Lo spazio sacro è anche il luogo dove invocate gli dèi e le dee e vi sintonizzate con i vostri desideri particolari. Con la dovuta concentrazione e attenzione, lavorare in un cerchio può essere un'esperienza davvero meravigliosa. Tutti i sensi si destano. Percepirete, vedrete e udrete le energie che invocate. Avrete creato una sfera di potere tangibile.

Fidatevi dell'intuito, seguite l'istinto, e ascoltate il cuore

Seguendo queste tre semplici indicazioni, creerete rituali bellissimi e, soprattutto, efficaci per arricchire la vostra vita, accrescere il benessere e mantenere armonia ed equilibrio. Trarrete maggiori benefici da un rituale personale quando si adatta alle vostre esigenze del momento. Che abbiate bisogno di serenità, prosperità, amore o di un rapido cambiamento, le operazioni magiche illustrate in questo libro vi aiuteranno a realizzare il vostro scopo. E più in fretta!

Capitolo 1

Incantesimi lunari e solari

Come sfruttare il potere della Luna e del Sole

Molte di noi imparano presto che alcune fasi lunari e alcuni mesi solari hanno un significato particolare, semplicemente sentendo parlare del proprio segno zodiacale. Che crediate o meno nell'astrologia, con tutta probabilità sapete sotto quale segno siete nate, e magari conoscete anche le sue caratteristiche generali. Ovviamente ogni segno ha un significato più profondo, e qui ne analizzeremo i vari aspetti e ciò che può offrirvi.

Tuttavia non siamo solo noi, persone spirituali, a credere in tutto questo. Milioni di contadini e giardinieri hanno usato e continuano a usare le informazioni astrologiche contenute nei vari almanacchi e calendari agricoli, nonché le loro stesse osservazioni le quali, ancora una volta, confermano l'antica saggezza. Una saggezza che continua ad essere di vitale importanza nella nostra era. Applicandola alla vostra esistenza, anche voi potrete trarne molti benefici.

Qui potete apprendere quali sono i segni zodiacali, i segni e le fasi lunari migliori per compiere le vostre operazioni magiche, ottimali per fare una gita, perfetti per un incontro romantico, ideali per le prospettive lavorative, favorevoli per progetti creativi, e che racchiudono le probabilità più alte per ottenere successo in qualsiasi iniziativa, che sia un incontro sociale o un progetto minuzioso. Altrettanto importante è sapere quando non si deve fare una cosa. Ho imparato a mie spese che cosa significa piantare costosi alberi da frutto nel periodo sbagliato e vederli avvizzire e morire senza alcun motivo apparente. Gli stessi principi valgono per la maggior parte degli ambiti della vita. La tempistica è tutto, e lo è sicuramente per gli incantesimi, i riti, i rituali e per tutte le operazioni magiche.

Le fasi lunari

In magia, la fase lunare giusta è fondamentale. Ogni ciclo inizia con una fase «nuova», quando la luna si trova tra il sole e la terra, e il suo lato illuminato non è visibile dal nostro pianeta. La luna «cresce» lentamente finché non si trova ad essere sul lato opposto della terra, e il suo lato illuminato si trova di fronte a noi nella fase «piena». Poi inizia a «calare» finché non raggiunge nuovamente la fase «nuova. L'intero ciclo dura circa un mese, durante il quale la luna compie la sua orbita attorno alla terra.

Svolgere un incantesimo nel momento ottimale di un ciclo lunare accrescerà il vostro potere. Mentre leggete gli incantesimi illustrati in questo libro, tenete a mente questo approccio fondamentale alla magia.

Come abbinare gli incantesimi alle fasi lunari

* La *luna nuova* è una fase propizia per i nuovi inizi.
* Il *primo quarto* si verifica circa una settimana dopo il novilunio; fase propizia per la produttività e per creare energia positiva.
* Nella fase *crescente*, la luna diventa sempre più visibile ed è ottimale per operare verso il completamento di obiettivi e la realizzazione di un risultato.
* La *luna piena* è una grande maestra che ogni mese reca un messaggio speciale.
* La *luna calante* è il periodo adatto per portare a compimento le sfide personali.

Luna nuova, amici nuovi

Quando mi trasferii a San Francisco non conoscevo anima viva, però usai questo trucchetto dalla comprovata efficacia per riempirmi la vita di amici.

Che cosa vi serve

* 1 candela di qualsiasi colore e dimensione
* il vostro incenso preferito

Tempi: provate questo incantesimo un venerdì in cui cade il novilunio (il giorno di Freya, governato da Venere, è ideale per il divertimento, l'amore, i flirt, i pettegolezzi e le ore liete).

Accendete la candela e l'incenso. Inspirate il fumo sacro e girateci attorno ballando, le braccia sollevate, con allegria. Nel contempo recitate questa formula:

Io t'invoco, amica Freya,
perché tu riempia d'amore e gioia la mia vita.
Io t'invoco, o Dea,
affinché tu mi conceda ciò che mi rende felice:
persone sagge e gentili.
Questo io ti chiedo e te ne sono grata. Così sia.

Tale incantesimo mi ha procurato amici fedeli nella buona e cattiva sorte; posso contare sul loro affetto incondizionato e portano tanta gioia nella mia vita.

Chiarezza ispirata: Incenso «respiro degli dèi»

Bruciate questa miscela d'incenso sull'altare per creare un'atmosfera positiva e serena in previsione del vostro rituale. La rosa canina e la menta sono associate al cuore, all'entusiasmo e al pensiero acuto. La candela gialla, la rosa gialla e il citrino giallo sono utilizzati per simboleggiare l'intelligenza e la lucidità mentale.

Che cosa vi serve:

- ✶ 1 cucchiaio di rosa canina essiccata
- ✶ 1 cucchiaino di menta fresca o essiccata
- ✶ 1 dischetto di carbone per bruciare l'incenso
- ✶ 1 piattino di argilla o di vetro resistente al calore
- ✶ 1 candela gialla
- ✶ olio essenziale di neroli
- ✶ 1 rosa gialla
- ✶ 1 tazza (240ml) di acqua versata in una ciotola
- ✶ 1 citrino

Tempi: eseguite il rito durante il novilunio, quando la luna non è visibile.

Con un pestello riducete in polvere la rosa canina e la menta nel mortaio. Ottenuta una miscela omogenea, mettete le erbe sul dischetto di carbone (già sistemato sul piattino di argilla o vetro resistente al calore). Accendete la candela gialla, che avrete precedentemente unto con l'olio di neroli, poi mettete la rosa gialla in un vaso che posizionerete di fianco all'incensiere. Sull'altro lato, mettete la ciotola con l'acqua e immergete il citrino. Accendente l'incenso e inspiratene il profumo. «Inspirare» deriva da un termine greco che significa «respiro degli dèi», quindi lasciate che questa essenza divina vi inondi di grazia.

La magia della Luna Crescente

Periodo perfetto per pianificare tutte le cose belle che desiderate ottenere in questa fase di crescita.

Che cosa vi serve :

- ✶ un indumento bianco
- ✶ una pietra di luna di qualsiasi dimensione
- ✶ un pezzo di spago

Tempi: il periodo ideale per questo incantesimo è la fase crescente della luna.

In occasione del primo quarto di luna (o mezzaluna), indossate una camicia o un vestito bianco, e mettete in tasca la pietra di luna o indossatela come pendente. Nel tardo pomeriggio fate una passeggiata in un parco o in un prato tra le erbe selvatiche, i fiori e i fili d'erba, raccogliendone alcuni per farne un bouquet. Scegliete un posto tranquillo e sedetevi in un punto da cui potete vedere la luna. Prendete i fiori e le erbe e legateli con lo spago. Impugnate il bouquet appena fatto nella mano destra. Nella mano sinistra tenete la pictra di luna e concentratevi sul risultato che auspicate – una soddisfazione di carattere creativo, una maggiore felicità, o magari la liberazione dalla rabbia. Intonate a voce alta queste parole:

Oh, Luna, che nel settimo cielo dimori, io t'invoco.
Tra tutte le stelle, la più fulgida tu sei.
Il tuo canto magico io intonerò, se mi mostri come fare.
Il tuo sentiero sacro io percorrerò, se mi mostri dove andare.
Resta con me, qui e ora.

Con le braccia spalancate, lo sguardo rivolto alla luna, ripetete questa invocazione per tre volte. Mentre la luna brillerà sempre più luminosa, anche il vostro spirito risplenderà.

Ricaricarsi per il weekend: Lozione naturale

Un rimedio naturale eccellente per rigenerarsi dopo una settimana convulsa.

Che cosa vi serve:

- ✶ 2 gocce di olio essenziale di rosmarino
- ✶ 3 gocce di olio essenziale di bergamotto
- ✶ 2 gocce di olio essenziale di gelsomino
- ✶ 3 gocce di olio essenziale di lavanda
- ✶ 6 gocce di olio vettore
- ✶ una ciotola di ceramica o vetro

Tempi: una lozione che risulta più potente subito dopo il tramonto, sotto i raggi della luna crescente o della luna piena.

Mischiate gli oli essenziali e l'olio vettore nella ciotola. Toglietevi le scarpe per restare più radicate. Uscite all'aperto, sul balcone, oppure mettetevi davanti a una finestra aperta. Adesso chiudete gli occhi, sollevate il capo verso la luna, e recitate ad alta voce questa invocazione:

Fulgida dea lunare, eterna e saggia,
infondimi la tua forza, qui e ora.
Ad ogni mio respiro, questa notte in me vivrai.
Salute a tutti, e calma a me.
Così sia.

Frizionate delicatamente una goccia di lozione sui punti energetici dei polsi, dietro ai lobi, alla base del collo e dietro alle ginocchia. Mentre l'olio vi avvolge nel suo caldo aroma, vi sentirete colmare da una placida forza.

Elisir lunare: infuso della Luna Piena

Il plenilunio segna una fase molto propizia, da assaporare e dalla quale trarre il meglio. Provate questo elisir corroborante ogni volta che il vostro livello energetico è basso, per rafforzare mente, corpo e spirito.

Che cosa vi serve:

- ✶ 1 cucchiaino di zenzero fresco
- ✶ 1 cucchiaino di foglie di gelsomino
- ✶ 1 cucchiaino di foglie di menta piperita
- ✶ 2 tazze (480ml) di acqua
- ✶ teiera e tazza

Tempi: il novilunio dura circa due giorni, quindi preparate questo elisir la prima sera a mezzanotte.

Poco prima di mezzanotte, preparate un infuso con queste erbe salutari e corroboranti. Una volta raffreddato, versatelo nella vostra tazza preferita e godetevi per qualche minuto il vapore aromatico. Attendete lo scoccare della mezzanotte. Adesso uscite all'aperto e sorseggiate l'elisir in questa ora incantevole sotto il lucore dei raggi lunari. Vi sentirete immediatamente più lucide, centrate e focalizzate.

Don't worry, be happy: Incantesimo per l'ansia

Mentre il sole tramonta in un giorno di luna calante, potete tacitare le voci apprensive che ostacolano il normale corso della vita. Quando la luna tramonta, ne sorge un'altra, e la stessa cosa vale per la nostra creatività e i cicli di rinnovamento.

Che cosa vi serve:

- 1 baccello di vaniglia
- incenso di legno di sandalo
- resina d'ambra
- un dischetto di carbone
- un piattino d'argilla o di vetro resistente al calore
- 1 candela nera o grigia

Tempi: lanciate questo incantesimo quando la luna entra nella fase calante.

Spezzate in due un baccello di vaniglia e mettetene da parte un pezzetto, poi riducete in polvere il legno di sandalo, l'ambra e l'altro pezzetto di vaniglia nel mortaio. Dopo aver sistemato il piattino resistente al calore sull'altare, posatevi il dischetto di carbone e bruciate la miscela resinosa. Accendete la candela nera o grigia, per protezione. Strofinate il pezzetto di vaniglia che avete messo da parte nel palmo della mano finché l'aroma non inizia a sprigionarsi grazie al calore della pelle. Concentratevi sulla fiamma, poi strofinate la stessa essenza di vaniglia sulle tempie, e infine posate una mano sul cuore.

Mentre meditate, riflettete su come a volte dubitate di voi stesse, vi preoccupate inutilmente, e su come iniziare a fidarvi della vostra saggezza innata e del vostro istinto. Visualizzate l'ansia che svanisce dalla vostra mente. Pensate agli aspetti meravigliosi della vostra vita, al vostro futuro luminoso, e al vostro potenziale mentre intonate questa invocazione:

Selene, dea della luna,
mentre cresci, cresco anch'io.
Qui, stanotte, sotto la tua luce più oscura,
accolgo in me tutto ciò che di buono e giusto esiste,
e dico addio a tutto il resto. Così sia.

Spegnete la candela e gettatela nel camino oppure nel calderone. Dovete distruggere completamente la candela perché contiene l'energia delle vostre ansie e paure. Adesso andate avanti e non preoccupatevi più.

Consigli rapidi:

I segreti dell'incantesimo lunare

Tra la fine della primavera e l'inizio dell'estate, sulla luna vedrete una sagoma che ricorda un drago – periodo fortunato per i nuovi inizi, gli affari e la magia legata al lavoro e al denaro. Il drago è visibile quando Giove si trova al centro del cielo. I progetti avviati sotto la sua influenza avranno un grande successo.

Rituale per sentirsi appagate

Con questo incantesimo potete garantirvi una settimana di sacrosanta calma.

Che cosa vi serve:

* 1 candela viola
* olio essenziale di ibisco o di viola
* un mazzo di fiori viola (le violette, per esempio)

Tempi: provate questo incantesimo di lunedì, durante la fase calante della luna.

Un lunedì sera, durante la fase calante, ungete la candela viola con l'olio essenziale. Mettete la candela sull'altare accanto a un vaso di violette fresche o un altro fiore di colore viola. Sedetevi davanti all'altare al crepuscolo, e quando il sole sarà completamente tramontato, accendete la candela e intonate questa invocazione:

Scomparsa ogni apprensione, ogni disperazione.
Qui, con il monte, il fiume, l'albero, l'erba e la luna
dalla Natura la mia forza ricevo, la Natura è il mio centro.
Domani e il giorno dopo ancora, appagata e felice io sarò.
Senza nuocere a nessuno, ma solo bene a ciascuno.

Segni lunari e segni solari

Quando il sole o la luna si trova in un certo segno zodiacale veicola l'energia propria del segno. L'anno zodiacale inizia con il sole in Ariete, di solito il 21 marzo, dopodiché ogni mese l'astro attraversa uno dei dodici segni. La luna si muove più velocemente rispetto al sole, sostando in un segno per due giorni prima di spostarsi in quello successivo.

Probabilmente avrete notato che ci sono giorni in cui vi sentite più in forma e altri no. Com'è possibile? Osservate la luna per avere le risposte. Vi consiglio di consultare una fonte affidabile per individuare in quale segno si trova (v. Risorse, a pag. 141). Nel Libro delle Ombre annotate in che modo influiscono su di voi queste corrispondenze solari e lunari, che potrete rafforzare ulteriormente utilizzando i cristalli e le candele colorate associati all'energia di ogni segno (v. di seguito).

ARIETE – segno governato da Marte; periodo in cui l'energia è molto alta, quindi ottimo per i nuovi esordi. ***Associazioni***: diamante, ametista, topazio, granato, ferro e acciaio, colore rosso.

TORO – segno governato da Venere; qui regna l'abbondanza in tutte le sue forme: denaro, frutti della natura e amore. ***Associazioni***: corallo, zaffiro, smeraldo, turchese, agata, zirconio e rame, colore azzurro.

GEMELLI – governato da Mercurio, è il segno dell'intelligenza, della rapidità, della comunicazione e del viaggio. ***Associazioni***: acquamarina, agata, ambra, smeraldo, topazio e alluminio, colore blu elettrico.

CANCRO – governato dalla Luna, questo segno è legato alla famiglia e alla casa, ed è il più fertile in assoluto per quanto concerne l'agricoltura. ***Associazioni***: opale, perla, smeraldo, pietra di luna e argento, colori perlaceo e rosa.

LEONE – governato dal Sole, è collegato al romanticismo, all'audacia, a ciò che è vistoso e alla leadership. ***Associazioni***: diamante, rubino, oro, sardonice e crisoberillo, colore arancione.

VERGINE – governato da Mercurio, è un segno ottimale per la salute, il nutrimento e i lavori di precisione. ***Associazioni***: giada, rodonite, zaffiro, corniola e alluminio, colore grigio-azzurro.

BILANCIA – governato da Venere è il segno dei sentimenti, delle arti e dell'equilibrio. ***Associazioni***: opale, zaffiro, giada, quarzo, turchese e rame, colore arancione chiaro.

SCORPIONE – segno plutonico legato al sesso e alla sensualità, all'abbondanza e alla strategia. ***Associazioni***: diaspro sanguigno, topazio, acquamarina, diaspro e argento, colore rosso scuro.

SAGITTARIO – governato da Giove è il segno legato alla filosofia, alla spiritualità, alle esplorazioni, e alla comprensione elevata. ***Associazioni***: lapislazzuli, topazio, turchese, corallo e stagno, colore viola.

CAPRICORNO – segno governato dalla Terra è ottimo per gli affari, il denaro, la professione, gli obiettivi e la politica. ***Associazioni***: onice, giaietto, rubino, piombo e malachite, colore marrone.

ACQUARIO – governato da Urano, rappresenta l'intelletto, il rischio, l'innovazione e l'interazione. ***Associazioni***: acquamarina, giada, fluorite, zaffiro, zirconio e alluminio, colore verde.

PESCI – governato da Nettuno è legato allo psichismo, ai sogni, all'affettività e alla creatività. ***Associazioni***: ametista, alessandrite, diaspro sanguigno, stictite e argento, colore blu mare.

Intuizioni e idee: Incantesimo con l'aiuto dell'elemento Aria

Questo incantesimo dovrebbe fornirvi un intuito brillante, consentendovi di vedere le cose con serenità e chiarezza.

Che cosa vi serve:

* 1 cucchiaio di semi di fieno greco
* 4 cucchiai di foglie fresche di menta piperita
* un pizzico di lavanda essiccata
* una teiera gialla
* miele

Tempi: eseguite questo incantesimo quando la luna nuova si trova in uno dei segni d'Aria: Acquario, Gemelli o Bilancia.

Versate l'acqua calda nella vostra teiera gialla – uno dei colori associati alle abilità mentali – aggiungete le erbe e lasciate in infusione per 5 minuti. Filtrate, dolcificate con un po' di miele, e sorseggiate questo infuso leggero stando rivolte a est, la fonte del sole nascente. Oppure potete segnare le quattro direzioni e infine uscire all'aperto e versare l'infuso a terra rivolte a est, intonando questa preghiera:

Mercurio alato, dio dell'aria,
d'infondermi la vista e la vera consapevolezza, io ti prego.
Come il vento, accelera il mio cammino.

Rinnovate tutto.

Adesso ascoltate il vostro intuito che non vi deluderà.

Preghiera di gratitudine

La gratitudine è un sentimento che non solo eleva ma fa stare bene. C'è un potere magico nel riconoscere tutto ciò che si ha.

Tempi: quando la luna, o il sole, si trova nel segno del Toro il periodo è segnato dalla prosperità e dalla sicurezza. Programmate l'esecuzione di questo rituale di giovedì, il «giorno di Giove», quindi dell'abbondanza. Il giorno perfetto anche per riconoscere i doni della vita.

Sedetevi comodamente e chiudete gli occhi. Riflettete su tutto ciò che avete. Di che cosa siete grate in questo momento? Respirate in modo costante e profondo, inspirando ed espirando lentamente per qualche minuto. Adesso intonate ad alta voce questa preghiera:

Divinità misericordiose, dispensatrici di tutti i frutti di questa terra,
io vi ringrazio per la generosità, la bellezza e il benessere.
Lodati siano tutti coloro che danno e ricevono questi doni.
Di sacra terra, di acqua purissima, di sacro fuoco e vento impetuoso, io sono fatta.
Che io sia benedetta. Che siate tutti benedetti.
Così sia.

Annotate tutte le cose di cui siete grate nel vostro Libro delle Ombre. Dovete recitare questa preghiera di gratitudine periodicamente, ritornando col pensiero a tutto quello che avete ricevuto e meditandoci. È anche una bella prece da recitarsi a tavola, assieme ai familiari, per esprimere gratitudine verso tutto ciò che ci viene elargito.

Fortificarsi con i fiori: Offerta a Vesta, dea del focolare

Caratteristiche del segno del Cancro sono l'amore per la casa e la famiglia, nonché la ricerca della sicurezza. Il potpourri, combinazione di fiori secchi e oli profumati, è molto popolare oggigiorno. Nel Medioevo lo si teneva nelle case, un'abitudine che fu poi ripresa in Inghilterra nell'era vittoriana. Utilizzate diverse combinazioni per ottenere i risultati magici desiderati; aiuteranno a creare uno spazio sacro.

Che cosa vi serve:

- 1 tazza (20g) di petali di rosa essiccati
- 1 tazza (20g) di calendula essiccata
- 1 tazza (20g) di petali di lillà secchi
- un cestino o una ciotola per mischiare i fiori
- olio essenziale di chiodi di garofano
- olio essenziale di cannella

Tempi: il periodo migliore per preparare questa offerta alla dea custode del focolare domestico è con il sole o la luna in Cancro.

Mettete tutti i fiori nel cestino o nella ciotola e irroratelì con gli oli essenziali. Lasciate la mistura nell'angolo sud dell'altare per la durata di un ciclo lunare. La fragranza dolce e speziata del potpourri diffonderà una energia positiva e protettiva in tutta l'abitazione e sulle vostre operazioni magiche. Aggiungendo alla miscela alcuni spicchi d'aglio, sarete protette contro le negatività e le malattie. Se siete streghe lavoratrici, tenete sulla scrivania una ciotola di potpourri dal dolce profumo, ne riceverete un benessere costante. Se avete un caminetto, tenete il potpourri sulla mensola come offerta alla dea del focolare Vesta, colei che mantiene acceso il fuoco. Una volta svanito il profumo, bruciate il potpourri nel calderone o nel caminetto come offerta alla dea, e mentre i fiori bruciano intonate l'invocazione:

Vesta, dea della casa e del focolare,
proteggi questo luogo a me caro.
Proteggi coloro che amo.
Questa notte, noi respiriamo
in pace.
Questa offerta di fiori è per te.
Così sia.

Incantesimo del santuario: Rito con l'acqua di rose

Questi tre semplici ingredienti: una candela rosa, una rosa rossa, e dell'acqua, possono conferire un potente effetto calmante. La rosa significa bellezza, amore verso se stessi e gli altri, la fioritura, la terra, il vostro cuore, e la pace. La candela rappresenta la fiamma gialla dell'Est, l'unità, l'armonia, la concentrazione, l'intento più elevato, e la luce dell'anima. L'acqua purifica, scorre libera, influisce sulle emozioni, e rappresenta l'Ovest. Potete svolgere questo incantesimo da sole oppure in gruppo, nel qual caso la ciotola dovrà passare di mano in mano.

Tempi: il momento propizio per condividere questo rito con le persone care, è con il sole o la luna in Bilancia, segno governato da Venere.

Posate la rosa rossa nella ciotola trasparente piena d'acqua, avvicinate la candela rosa e accendetela. Con le dita della mano sinistra, mescolate delicatamente l'acqua mentre recitate a voce alta questa benedizione:

Dono a me stessa vita e salute, e acqua fresca per il mio spirito.
Dono a me stessa il tempo per riposare, e spazio per crescere.
Io sono amore. Il mo cuore è grande quanto il mondo.
Io sono serenità. Così sia, ora e per sempre.

Risvegliare l'immaginazione: Incantesimo dell'Età dell'Acquario

Spesso la nostra mente diventa inquieta quando la vita si fa troppo monotona. Una condizione che può essere risolta immediatamente grazie all'ispirazione e all'immaginazione.

Che cosa vi serve:

- ✶ 1 candela verde
- ✶ 1 candela gialla
- ✶ 1 cristallo di ametista
- ✶ 1 mela verde
- ✶ 1 rametto di pino

Tempi: consultate il vostro calendario lunare in modo da individuare quando la luna transiterà nel segno del luminoso Acquario.

Un'ora prima di mezzanotte, sistemate le due candele sull'altare, e accanto disponete l'ametista, la mela e il rametto di pino.

Alle 23:11 prendete la mela e tenetela nel palmo della mano destra, poi iniziate a girare attorno all'altare in senso orario per quattro volte, recitando la seguente formula:

Sole e luna, destatemi stanotte
con il potere della Terra e dell'Aria, del Fuoco e dell'Acqua.
Mentre addento questo frutto della conoscenza, mi sento ispirata.
Tutte le possibilità sono davanti a me. Così sia.

Mangiate la mela, poi sotterrate i semi in giardino o in un vaso. Vi incamminerete lungo un sentiero nuovo e promettente. Tenete l'ametista e il rametto di pino sull'altare finché volete, ogni volta che vi poserete lo sguardo infonderanno ispirazione.

Un bagno di sensualità: Rito con la luna in Scorpione

Con la luna in Scorpione il momento è adatto per esplorare i piaceri del corpo. Il legno di sandalo, l'ambra e il vetiver si legano benissimo tra loro, grazie alle fragranze calde e avvolgenti e alle note terrose.

Che cosa vi serve:

- ✶ 5 gocce di olio essenziale di legno di sandalo
- ✶ 5 gocce di olio essenziale di ambra
- ✶ 2 gocce di olio essenziale di vetiver
- ✶ ½ tazza (90g) di sali di Epsom
- ✶ ½ tazza (70g) di bicarbonato di sodio

Unite gli oli essenziali e i sali di Epsom, quindi aggiungete il bicarbonato di sodio. Mischiate bene fino a ottenere una pasta molto profumata, che potrete usare in due modi: spalmarla direttamente sul corpo, per poi risciacquarvi sotto la doccia con una spugna di luffa e una salvietta spessa, oppure, e questo è il modo che preferisco per godermi fino in fondo questo piacere terreno, plasmare la pasta formando una palla che andrete a mettere sotto il rubinetto mentre riempite la vasca da bagno di acqua calda. Tutta la stanza si riempirà di un profumo paradisiaco. Entrate nella vasca, e godetevi fino in fondo questo piacere sensuale. Se volete utilizzare la pasta in un secondo tempo oppure fare un regalo utile, potete conservarla in un contenitore chiuso, oppure formare delle bombe da bagno che lascerete asciugare su carta cerata oppure su tovaglioli di carta. Con questa ricetta otterrete tre piccole bombe da bagno.
N.B.: ve ne chiederanno altre!

Incarnare la dea della vita: Invocare i poteri di Venere

Il latte di cocco è idratante e lascia la pelle vellutata. L'ylang ylang ha un profumo inebriante, esotico, che risulta accentuato dalla nota agrumata dell'arancio.

Che cosa vi serve:

- ✶ 2 gocce di olio essenziale di ylang ylang
- ✶ 3 gocce di olio essenziale di arancio
- ✶ 400ml di latte di cocco

Tempi: il Toro e la Bilancia, entrambi governati da Venere, sono segni molto romantici, quindi perfetti per rivolgere questa invocazione.

Mischiate gli oli essenziali con il latte di cocco, poi versate il tutto nella vasca da bagno riempita di acqua calda.

Recitate ad alta voce questa preghiera a Venere:

Dea dell'amore e della grazia,
latrice di tutto ciò che noi tanto amiamo.
Ricolma me e questo spazio
di felicità, pace e gioia.
Senza nuocere a nessuno. Così sia.

Capitolo 2

La strega solitaria

Incantesimi per la praticante solitaria

Essenzialmente, la nostra vita è una continua ricerca. Creare ed eseguire riti e incantesimi per conto vostro vi aiuterà a definire e rafforzare la vostra identità e a personalizzare il risultato auspicato in base alla vostra volontà e al vostro intento individuale. Eseguire i rituali da sole significa che siete il sacerdote o la sacerdotessa di voi stessi, cercatori solitari che procedono lungo il sentiero spirituale seguendo i vostri ritmi personali.

Se il rituale di gruppo (v. Capitolo 3) riguarda il servizio, i legami e il cambiamento, i riti individuali sono potenti operazioni interiori che favoriscono lo sviluppo dell'anima e l'evoluzione spirituale. Spesso i rituali di gruppo sono legati a degli eventi, come le festività, oppure a una crisi in seno alla comunità, quale una malattia. Il rituale solitario nasce dai vostri ritmi interiori più profondi. Nasce dalle vostre esigenze, dalla vostra ricerca e dalla vostra psiche. Con i rituali solitari potete anche affrontare questioni private che preferite non condividere con gli altri o con la comunità.

Qui avete l'opportunità di esplorare voi stesse attraverso il rituale. In sostanza, arriverà un momento in cui sentirete l'esigenza di creare i vostri rituali perché sgorgano dalle profondità della vostra anima. Usate gli incantesimi che vi propongo per analizzare la vostra interiorità più profonda.

Radicarvi in voi stesse: Visualizzazione dei chakra per centrarsi

Il modo migliore per prepararvi al rituale è quello di centrarvi. Io lo definisco un «assestamento» e credo che sia particolarmente importante in questo mondo dai ritmi serrati. Operare un assestamento vi aiuta a rientrare in voi stesse e a riscoprire le vostre priorità. Solo quando siete perfettamente centrate potete svolgere un vero e proprio lavoro interiore di autosviluppo, che poi è il fulcro del rituale.

Vi sono molti modi per centrarsi. Fate degli esperimenti per capire ciò che si adatta meglio alla vostra persona. Per esempio, Kat, sorella dell'anima e sacerdotessa, pratica una meditazione veloce che chiama «verifica dei chakra». Il sistema dei chakra è composto da una serie di punti energetici situati nel corpo astrale, un'aura energetica attaccata al corpo fisico e associata a numerose ghiandole endocrine. Kat chiude gli occhi e assume la posizione del loto con le gambe incrociate e i piedi appoggiati alle cosce – ma se vi trovate su un autobus o state per presenziare a una riunione, potete svolgere questo esercizio di centratura semplicemente mettendovi a sedere con i piedi aderenti al pavimento – e visualizza la luce e il colore di ogni chakra. Visualizza ciascun centro e fa scorrere mentalmente l'energia lungo la colonna vertebrale, dal basso verso l'altro, fermandosi in prossimità di ogni chakra. Dopo qualche minuto, si sente circondata da una grande tranquillità. L'ho vista eseguire questa «verifica dei chakra» a delle fiere e negli atri degli hotel, circondata dal via vai di tante persone. Lei è un oceano di calma al centro di un ciclone. Lavorando con i chakra, entrate maggiormente in contatto con il corpo e con l'anima.

Il *chakra della radice* si trova alla base della colonna vertebrale ed è associato alla passione, alla sopravvivenza, alla sicurezza, e al colore rosso.

Sopra si trova il *chakra sacrale*, nella regione addominale, che corrisponde a stimoli fisici quali la fame e il sesso, il suo colore è l'arancione.

Il *chakra del plesso solare* è associato al potere personale, e il suo colore è il giallo.

Il *chakra del cuore* è il centro emozionale, la sede dei sentimenti forti, dall'amore alla felicità, fino ai loro opposti. È associato anche allo sviluppo spirituale, al sé superiore, e il suo colore è il verde.

Il *chakra della gola* è considerato il centro della comunicazione, e il suo colore è il blu.

Il *chakra del terzo occhio* è situato al centro della fronte ed è associato all'intuizione; il suo colore è l'indaco.

Il *chakra della corona* si trova sulla sommità del capo, ed è il vostro collegamento con l'universo; il suo colore è il viola.

Prima di svolgere un rituale, provate questo esercizio di centratura. Sedetevi in una posizione comoda e trovate il battito sul polso. Premete leggermente le dita (indice, medio e anulare) sul polso finché non avvertite il ritmo costante del vostro cuore. Adesso iniziate a respirare lentamente, seguendo il ritmo delle pulsazioni. Inspirate per quattro pulsazioni, trattenete il respiro, poi espirate per cinque pulsazioni. Ripetete lo schema per sei cicli. Molte persone hanno riferito che pur avendo qualche difficoltà, all'inizio, a seguire il battito cardiaco, alla fine, con un po' di pratica sono riuscite a sincronizzare il respiro con le pulsazioni. Tutto il corpo si rilasserà e vi sentirete inondare da una grande calma.

Tonico per aprire il chakra della corona

Questo tonico per capelli dalle proprietà magiche vi schiarirà la mente, risveglierà i vostri sensi e aprirà il chakra della corona (il punto energetico che si trova sulla sommità del capo) favorendo l'intuizione telepatica.

Che cosa vi serve:

✶ flacone in plastica da 55 ml
✶ 4 gocce di olio essenziale di legno di rosa
✶ 2 cucchiai di olio essenziale di rosmarino
✶ una manciata di balsamo per capelli neutro

Tempi: per ottenere i massimi benefici, questo rituale andrebbe eseguito preferibilmente con il sole o la luna in Gemelli o Sagittario, segni la cui caratteristica è la ricerca della verità.

Versate nel flacone gli oli e il balsamo. Dopo aver agitato bene il contenuto, applicatelo sui capelli appena lavati intonando questo canto:

Dolcezza, che dalla Rosa nasci,
sulle ali dei sogni fammi volare.
Siam fatte di sacra terra, di acqua purissima,
di sacro fuoco e vento impetuoso.
Lode a me. Lode a te.
Così sia.

Come minimo, avrete delle visioni e una grande chiarezza. Potreste persino capire qual è il vostro vero destino. Esibite con orgoglio la vostra nuova saggezza, come una corona.

Invocare i guardiani

Questo piccolo incantesimo vi condurrà nei recessi di voi stesse. Vi darà un grande potere e instillerà in voi una comprensione più profonda di chi siete e del vostro compito. Ciascuno di noi è unico come lo sono i fiocchi di neve, e le nostre anime recano l'impronta dell'unicità. Più vi avvicinate alla rivelazione della missione della vostra anima, più capirete perché siete qui e, cosa ancora più importante, che cosa dovete fare. Anche se i preparativi sono un po' lunghi, questo incantesimo vi regalerà 5 minuti di pura magia.

Che cosa vi serve:

- una bussola
- 1 candela votiva
- olio essenziale di pino
- un vaso di vetro da 1 litro
- incenso

Tempi: il periodo migliore per svolgere questo incantesimo è durante il novilunio, quando il cielo notturno è più scuro che mai.

Uscite e trovate un luogo solitario dove potete tracciare un cerchio. Usate la bussola per trovare il nord vero. Quando vi sentite a vostro agio e sicure, tracciate un cerchio di energia al centro del cerchio. Ungete la candela con l'olio essenziale di pino, un albero che rimane forte, verde e vitale per tutto l'inverno. Inserite la candela nel vaso di vetro e accendetela, poi posatelo con cura a terra. Adesso accendete l'incenso con la fiamma della candela e infilatelo nel terreno accanto alla candela votiva. Respirate lentamente e profondamente; acquisite la piena consapevolezza di dove vi trovate, sotto il cielo più scuro, e che state celebrando la sacralità. Mentre respirate, osservate la maestosità della natura e del mondo che vi circonda. Sentite la terra sotto i piedi. Prestate ascolto al silenzio che vi avvolge. Aprite completamente il vostro cuore al potere straordinario dell'universo e alla magia dentro di voi e fuori di voi. Toccatevi il terzo occhio, il chakra al centro della fronte. Con gli occhi chiusi, intonate ad alta voce questa invocazione:

Qui, sotto un cielo senza luna,
il mio cuore apro e mi chiedo perché sono qui.
Stanotte, il motivo per cui anelo
a servire la Dea e il Dio, conoscerò.
Questa notte, saprò
perché servo questa oscura stagione invernale.
Guardiani, io vi invoco!

Rimanete al centro del cerchio e continuate a tenere gli occhi chiusi. Forse sentirete una voce interiore, oppure una voce esterna proprio vicino all'orecchio. Ascoltate con calma, restando centrate con i piedi ben saldi a terra. Quando sarà il momento di sigillare il cerchio e andarvene con il vostro nuovo messaggio e la vostra nuova missione, lo saprete. La chiusura del cerchio inizierà non appena vi muovete. Ringraziate i guardiani mentre chiudete lo spazio sacro, facendo attenzione a lasciare tutto esattamente come l'avete trovato. Porterete via l'incenso, il vaso, la bussola, le candele e i fiammiferi.

Una volta tornate a casa, trascrivete il messaggio su un foglio di carta e mettetelo sull'altare, ma lontano da occhi indiscreti. Sistemate la candela, il vaso e quel che resta dell'incenso sull'altare e fatelo bruciare per alcuni minuti nelle successive tre sere di luna nuova.

Pensiero conclusivo: Potete prendere in considerazione l'idea di tenere un diario riservato ai pensieri, alle ispirazioni e alle azioni che hanno attinenza con il messaggio che avete ricevuto. Ormai siete entrate in una fase nuova ed eccitante del viaggio della vostra vita. Il diario vi sarà di aiuto mentre passate da una scoperta all'altra. Un diario che potrebbe evolvere in un Libro delle Ombre, o che un giorno potrebbe diventare un libro come questo!

Predire il proprio futuro: Sortilegio di Mercurio

Il dio Mercurio presiede alla comunicazione, alla velocità, alla profezia, alla lucidità mentale e al divertimento. Tradizionalmente, egli accompagna anche i defunti nell'aldilà. Tutti gli oggetti di colore giallo e gli agrumi possono attirare la presenza di Mercurio, il quale vi aiuterà in tutte le vostre interazioni con il prossimo. Provate questi metodi infallibili per stabilire un contatto con il dio della velocità e del tempo.

Che cosa vi serve:

* 3 candele gialle
* olio essenziale di limone
* olio essenziale di neroli
* un taccuino e una penna

Tempi: il periodo migliore per svolgere questo sortilegio è durante la fase di luna crescente.

Quando la luna inizia la sua fase crescente, ungetevi con gli oli essenziali e ungete anche le candele. Accendete le candele, e meditate fissando le fiamme. Respirate profondamente, riempiendo i polmoni con questo intenso aroma agrumato. Sollevando le mani con i palmi all'insù, pronunciate queste parole:

Messaggero degli dèi,
recami le tue novelle.
Stanotte, tra le fiamme di questo sacro fuoco,
rivelami il luogo e il nome.
Mercurio, messaggero e dio,
attenderò di udire la tua parola sulle ali del vento.
Lode a te e lode a me.

Adesso potete andare a dormire, mettendo sul comodino il diario dei sogni, oppure potete chiudere gli occhi e, impugnata la penna, attendere che inizi la «scrittura automatica», rilassando la mano e il polso finché non vedrete quali parole compaiono sul foglio. Annotate accuratamente i simboli e le immagini che vi vengono mostrati in sogno; tutti hanno un significato. Spesso, i primi ad apparire sono i nomi delle persone che ben presto incontrerete.

La dea foriera di benedizioni e forza:

Invocazione a Ecate

Tra tutte le divinità, forse è lei la prima dea della stregoneria: Ecate. È anche la dea della notte, della magia, della negromanzia, della luna e dei fantasmi. «Nell'ora delle streghe», a mezzanotte, il potere della magia raggiunge il culmine. Ed è anche il momento ottimale per invocare Ecate, conosciuta come «regina delle streghe», per ottenere un surplus di benedizioni e forza. Onorandola e invitandola nella vostra vita, riceverete i doni della saggezza, della gioia e della bellezza.

Che cosa vi serve:

- 1 grande cristallo, preferibilmente un geode di ametista, quarzo o cristallo di rocca
- 3 candele votive da inserire in portacandele di vetro
- una immagine della dea
- un sonaglio o tamburo

Tempi: il momento migliore per svolgere questo rituale è a mezzanotte.

Mettete il cristallo sull'altare, assieme alle candele e all'immagine della dea. Dopodiché pronunciate ad alta voce questa invocazione:

Benedetta, a te appartengono i cieli, la terra e gli oceani.
Che le tue benedizioni si riversino su tutti noi.
Che ciascuno di noi possa trarre forza da te.
Per te io canto, luminosa signora.
Per te io danzo, regina di ogni cosa.
A te rendo onore.
Così sia.

Adesso prendete il sonaglio o il tamburo e agitatelo o percuotetelo mentre ballate sotto il cielo di mezzanotte.

I custodi invisibili

I compiti degli arcangeli consistono nel servire Dio, assistere l'umanità e vegliare e occuparsi delle schiere angeliche inferiori.

I sette arcangeli e le loro associazioni sono:

Raffaele: guarigione

Gabriele: forza, guida personale, e profezia

Michele: protezione e coraggio

Uriele: luce

Ariele: saggezza

Chamuel: amore divino

Cassiel: comprensione

Scrivere all'arcangelo Michele per protezione

Studiando le dottrine che riguardano gli angeli nelle diverse culture emerge che l'arcangelo Michele è il più antico e più potente di tutti gli esseri di luce, e potete rivolgervi a lui, che è anche un angelo custode, quando avete bisogno di coraggio, intuizioni, crescita spirituale, di una guida o nei momenti di crisi.

Vi sono molti modi per invocare la guida degli angeli: potete farlo con un pendolo o durante la meditazione; si può anche chiedere all'angelo di unirsi a voi mentre passeggiate o di palesarsi nei vostri sogni. In realtà, nei sogni sarete molto più aperte alla ricezione dei suoi messaggi. Prima di invitare Michele nel vostro mondo onirico, respirate profondamente per raggiungere uno stato di calma assoluta. Poi pensate al motivo per cui sentite l'esigenza di chiedere la sua guida. Nel vostro diario dei sogni o nel Libro delle Ombre scrivete un invito specifico, del tipo: «Amato arcangelo Michele, io invoco la tua guida per capire se questo nuovo amore (o casa nuova, lavoro nuovo ecc.) è giusto per me». Sì, potete e dovete essere così precise. Più siete chiare, più facile sarà per l'angelo offrirvi il suo aiuto. Quando vi coricate, pensate alle circostanze prima di scivolare nel sonno e nei sogni. Troverete la risposta nella mente al vostro risveglio. Annotatela nello stesso diario e ringraziate l'ospite angelico con una preghiera di gratitudine.

surface would
these short rays,
the spacing of the

Rito per accogliere gli spiriti

Tutti possiamo usare una energia più benevola nella nostra vita. Alcuni angeli possono assumere sembianze umane, come un'amica sempre presente nei momenti di crisi. Altri si aggirano nell'etere e possono essere invocati con poche parole e un intento focalizzato. Usate questo rito quando avete bisogno di una mano che vi guidi e del sostegno angelico.

Che cosa vi serve:

* 1 candela bianca e 1 candela blu (i colori angelici)
* olio essenziale di rosmarino
* incenso di olibano e di mirraw
* celestite, un cristallo del colore del cielo associato all'energia angelica (può essere sostituito con l'ametista)

Ungete le due candele con l'olio essenziale di rosmarino. Accendete la candela bianca e usatela per accendere l'incenso. Se non riuscite a procurarvi l'incenso di olibano o di mirra, potete usare quello di rosmarino, oppure utilizzare un rametto di rosmarino che farete bruciare su un piattino di vetro o argilla resistente al calore. Adesso accendete la candela blu con quella bianca, e disponetele ai lati del cristallo. Respirate profondamente, poi recitate ad alta voce questa invocazione per evocare i custodi celesti.

Custodi celesti, io vi invito
a recare aiuto e benedizioni angeliche
in terra e in cielo.
Io vi invito a indicarmi tutto ciò che è positivo
e a proteggermi da tutto ciò che non lo è.
Con gratitudine all'ospite celeste.
Così sia.

Manufatti della strega: Amuleto per invocare la protezione angelica

Nei vostri viaggi lungo il percorso sacro, senza dubbio avete raccolto molti tesori naturali, come conchiglie, legni alla deriva, cristalli, e sassolini. Da questa collezione di doni della natura potete creare un semplice «strumento per stabilire un contatto con gli angeli». Realizzate un amuleto ogni volta che desiderate accumulare l'energia positiva degli esseri invisibili che possono aiutarvi e proteggervi (e deflettere l'energia che tanto utile non è). Di seguito le istruzioni per realizzare un amuleto che potete appendere ogni qualvolta avete l'esigenza di invocare l'aiuto angelico.

Che cosa vi serve:

- ✶ 6 pezzi di spago (15 cm), uno per ogni cristallo
- ✶ pezzetti di vari cristalli (quelli che possono aiutarvi a stabilire un contatto con i vostri angeli custodi sono la celestite, l'ametista, l'acquamarina, la muscovite, la morganite e la selenite)
- ✶ un rametto (l'ideale sarebbe un legno trasportato dalla corrente)

Legate una estremità di ogni pezzo di spago attorno a ogni cristallo, e l'altra al rametto di modo che i cristalli pendano dal bastoncino. Appendete il vostro amuleto in un punto della casa dove volete «stabilire il contatto».

Una volta realizzato lo strumento magico, riponetelo in un luogo sicuro, e servitevene solo quando avete realmente bisogno di un intervento angelico. Quando vivevo in una grande metropoli dove avvenivano molti furti d'auto, ne feci uno per la mia vettura e questo pose fine alla sequela di finestrini rotti. Vi consiglio di metterne uno anche nel vostro ufficio. Tutti abbiamo bisogno dell'aiuto degli angeli! Con questo amuleto potete accogliere gli spiriti invisibili e benevoli nella vostra casa e nella vostra esistenza.

Alchimia dell'incenso

Molto tempo fa, gli sciamani e le streghe scoprirono che le resine profumate prodotte da piante e alberi sprigionavano le loro proprietà se venivano gettate nel fuoco. Da allora, l'incenso è stato uno strumento essenziale nei riti magici, riconosciuto per la sua capacità di ristabilire l'equilibrio universale.

Per realizzare gli incensi è necessario procurarsi mortaio e pestello, oltre a una serie di 4 vasetti da 115 ml con coperchio. L'incenso va bruciato sui dischetti di carbone che potete trovare praticamente ovunque. Per garantire la sicurezza, i dischetti andranno messi in un incensiere oppure su un piattino di vetro o argilla resistente al calore.

Preparazioni semplici

- *Per la serenità mentale*: sminuzzate legno di sandalo, foglie di alloro e resina d'ambra. Mettete il piattino di vetro o argilla resistente al calore con il dischetto di carbone sul vostro altare; bruciate una piccola quantità di incenso e meditate. Potete aggiungere la damiana per aumentare la concentrazione.
- *Per governare la mente*: sminuzzate una quantità eguale di cannella e benzoino. Bruciando questa miscela raggiungerete i vostri obiettivi.
- *Per favorire la meditazione*: mischiate in parti eguali legno di sandalo bianco e olibano, poi unite un quarto di rizoma di giaggiolo bianco. Aggiungete una goccia di olio essenziale di angelica, agrimonia o aloe. Utilizzate l'incenso in una notte di luna piena oppure durante qualsiasi cerimonia lunare.

Ingredienti semplici per una rapida protezione

Vi basterà dare un'occhiata in cucina per trovare dei semplici ingredienti che vi proteggeranno dalle energie perturbanti:

- *Scorza di limone*: strofinata sul mobilio, sugli stipiti delle porte, e sui telai delle finestre, elimina l'energia negativa.
- *Rosmarino*: aggiunto al potpourri, intrecciato a formare una corona, oppure cosparso sui gradini di casa, aiuta a proteggervi.
- *Sale*: sulla soglia di casa terrà lontani ospiti sgraditi.
- *Kava kava*: la radice di kava kava protegge dall'energia negativa. In 1 litro di acqua fate bollire la radice sminuzzata, lasciate raffreddare, poi versate l'acqua davanti alla porta di casa e lungo il vialetto di accesso. Per accrescere ulteriormente il potere, aggiungete 1 cucchiaino di chiodi di garofano e uno di cannella ridotti in polvere. La sicurezza prima di tutto!

Rituale con le erbe per neutralizzare un maleficio

Non vi è nulla in grado di minare la calma interiore come un maleficio o un periodo prolungato di eventi negativi. Per questo rituale infallibile, dovete chiedere al vostro erborista di procurarvi la corteccia di evonimo. L'*Euonymus atropurpureus*, questo il suo nome scientifico, è una pianta velenosa, pertanto non va assolutamente ingerita. Portate a ebollizione l'acqua, poi lasciate in infusione per 5 minuti la corteccia. Quando il liquido si sarà raffreddato, immergete il dito indice della mano destra e fatevi il segno della croce sulla fronte, ripetendo per sette volte ad alta voce: «Evonimo!». Qualunque cosa vi abbia assillato, abbandonerà seduta stante il vostro spazio.

Invocare la dea interiore: Olio divino

Eccellente rimedio dalle virtù rilassanti per ritagliarsi uno spazio tutto vostro dopo una settimana frenetica.

Che cosa vi serve:

* 2 gocce di olio essenziale di cedro
* 2 gocce di olio essenziale di legno di sandalo
* 2 gocce di olio essenziale di ambra
* 2 gocce di olio essenziale di lavanda
* 4 gocce di olio vettore (sesamo o jojoba)
* una ciotolina o flaconcino, preferibilmente di colore rosso

Tempi: un olio che esprime la sua massima potenza il venerdì sera, giorno di Freya nella tradizione nordica.

Mischiate gli oli essenziali e l'olio vettore nella ciotolina o nel flaconcino.

Applicate una goccia di Olio divino su ciascun punto energetico: sui polsi, dietro ai lobi, alla base del collo, e dietro le ginocchia. Attendete qualche secondo affinché il potere della dea ricolmi i vostri sensi, mentre corpo, mente e spirito si rigenerano. Chiudete gli occhi e recitate queste parole:

Eterna e saggia Freya, concedimi la tua forza.
Ad ogni mio respiro, questa notte in me vivrai.

Ringraziate la dea per tutte le benedizioni che vi elargisce.

Rituale dei nodi

Per sbarazzarvi di qualcosa (o qualcuno) di sgradevole, provate questo rituale.

Tempi: da svolgersi preferibilmente durante la fase calante della luna.

Procuratevi un metro di corda di colore grigio o nero (i colori utili per bandire). Mentre fate i nodi pronunciate queste parole:

Con il primo nodo, questo scongiuro inizio avrà.
Con il secondo nodo, questo scongiuro si avvererà.
Con il terzo nodo, il mio desiderio libero sarà.
Con il quarto nodo, di più io otterrò.
Con il quinto nodo, io lotterò.
Con il sesto nodo, la cattiva sorte io respingerò.
Con il settimo nodo, l'amore trionferà.
Così sia.

Quando avete finito, la corda dovrà essere restituita alla terra sotterrandola oppure gettandola in un corso d'acqua, magari un fiume.

Capitolo 3

Riti di passaggio:

Incantesimi per occasioni speciali, compleanni e molto altro ancora

Molti pensano che la stregoneria sia una attività solitaria, che meglio si presta ad essere svolta da una singola persona. In origine, tuttavia, questa arte era nutrita e alimentata da gruppi di sodali che si trasmettevano i vari rimedi a base di erbe, si scambiavano i semi delle piante predilette, e svolgevano i rituali insieme nelle congreghe. Essi avevano anche la responsabilità di raccogliere gli usi e costumi, gli incantesimi e le arti terapeutiche dei loro confratelli e di mantenere viva la magia attraverso la grande tradizione orale. L'arte degli incantesimi venne usata per creare un terreno particolarmente fertile per la famiglia, le amicizie, i matrimoni e la comunità. La stregoneria riflette l'anima dell'umanità, celebrando la ricchezza del mondo naturale che ci circonda e la bellezza del cuore umano.

Sulle ali dell'alleanza, la stregoneria ha spiccato il volo ed è cresciuta fino ad essere praticata in tutto il mondo. Nella sua essenza, la Wicca è una tradizione spirituale intesa ad aiutare l'evoluzione, sia individuale sia della comunità. Ci aiuta a mantenere l'armonia spirituale con la terra e le stelle, e al contempo ad equilibrare le nostre relazioni con gli altri.

Il santuario dedicato alle persone care

Questo spazio sacro è dedicato alle persone speciali della vostra vita. Il santuario può essere un tavolino o una mensola, un luogo dove riporre i doni ricevuti dai vostri cari, tra i quali cristalli, gioielli, oggetti d'arte, gingilli vari, nonché le loro foto incorniciate. Ogni volta che poso lo sguardo sul mio santuario, sorrido.

Che cosa vi serve:

✶ un fagottino di salvia per fumigare
✶ una stoffa o sciarpa rosa
✶ 2 candele rosa e 2 bianche
✶ un piccolo quarzo rosa e cristalli di fluorite
✶ un vaso con fiori freschi a vostra scelta

Prima di allestire il santuario, purificate lo spazio accendendo un fagottino di salvia e lasciando che il fumo riempia la stanza. Si tratta della «fumigazione», una tecnica che svolge una parte importante nella stregoneria. Potete usare la salvia selvatica oppure acquistarla in erboristeria. Una volta fumigato lo spazio, ricoprite il santuario con la sciarpa o la stoffa, poi disponete le candele ai quattro angoli. (Il rosa è il colore dell'affetto, mentre il bianco rappresenta la purezza). Mettete i cristalli attorno al vaso di fiori freschi – quelli che vi evocano allegria e amicizia. A questo punto aggiungete i doni o altri oggetti che vi ricordano la persona cara.

Accendete le candele, inginocchiatevi davanti al santuario che avete appena allestito e pronunciate queste parole:

Il fuoco della lealtà, io accendo
il calore del cuore e la scintilla dell'amore e dell'amicizia.
Le benedizioni più luminose elargisce la Grande Dea,
lo spirito dell'amicizia sicuramente canterà.
Mentre i destini danzano,
io accolgo l'opportunità di condividere il mio affetto e la mia vita.
Così sia.

La fiamma dell'amicizia

Potete caricare ulteriormente le candele che avete deposto sul santuario incidendo nella cera il vostro desiderio. Io uso la spina di una rosa per incidere la mia intenzione. Molte streghe utilizzano dei simboli: una luna, il sole, un fiore, un cuore, o un numero, per esempio. Potete anche incidere un nome.

Prendete una grossa candela di colore giallo (la tinta del sole) , ungetela con olio essenziale di limone o bergamotto, poi caricatela di positività verso i vostri cari. Incidete il vostro nome e le parole «Io voglio bene a ________» aggiungendo il nome dell'amico/a o di un membro della famiglia.

Accendete la candela e pronunciate queste parole per quattro volte:

Io mi voglio bene. Io voglio bene a ____________.

Per una dose quotidiana di magia rapida, accendete la candela ogni sera e ripetete questa carica d'amore prima di andare a letto e al mattino quando vi svegliate. Il vostro cuore si gonfierà d'affetto, un sentimento che raggiungerà la persona che vi è cara.

Guida celeste alle relazioni

Io mi affido alle mie nozioni di astrologia per sapere se una nuova conoscenza potrebbe trasformarsi in amicizia (o qualcosa di più). Se una prima indicazione per stabilire se c'è una affinità è data dagli elementi Terra, Aria, Fuoco e Acqua (i segni di Terra naturalmente vanno d'accordo tra di loro, per esempio), dall'altro è importante che vi facciate fare il tema natale per confrontarlo con quello delle persone che vi interessano.

Molte anime gemelle, per esempio, hanno il Sole e la Luna nello stesso segno. Un aspetto che in astrologia prende il nome di sinastria. Per esempio, un uomo con il sole in Vergine sarà attratto da una donna con la luna in Vergine, e questo vale per ogni aspetto di Luna-Sole. Si tratta di un'autentica affinità.

- *Segni di Fuoco*: Leone, Sagittario e Ariete. Le persone nate sotto questi segni sono fiere, coraggiose, amanti del divertimento, e hanno molte cose in comune.
- *Segni d'Acqua*: Cancro, Scorpione e Pesci. Queste anime misteriose sono sensibili, appassionate e creative, e nuotano facilmente nella stessa corrente.
- *Segni d'Aria*: Gemelli, Bilancia e Acquario. In nati sotto questi segni sono intelligenti, loquaci, amanti dell'arte e parlano lo stesso linguaggio.
- *Segni di Terra*: Toro, Vergine e Capricorno. Individui pratici, di buonsenso e di successo amano aiutarsi reciprocamente per raggiungere il meglio.
- Se siete nate sulla «cuspide» consideratela una benedizione. Andrete d'accordo con tutti!

Cerimonia di benvenuto nella congrega

In seno alla congrega occorre adottare un nome nuovo. È ciò che contraddistingue la vostra iniziazione e il vostro progresso lungo il percorso pagano, e comunica a tutti la vostra intenzione e la vostra identità. Quando siete pronte a fare questo passo oppure a introdurre una nuova strega nel vostro gruppo o congrega, ecco un bellissimo rituale per celebrare l'evento in modo solenne. Tradizionalmente, il nome viene assegnato dall'alta sacerdotessa, ma noi streghe possiamo anche scegliere ciò che meglio esprime la nostra spiritualità. Il saluto e il benvenuto al membro della congrega con il nuovo nome sono 5 minuti di magia pura.

Che cosa vi serve:

- ✶ legna da ardere e ramoscelli
- ✶ un rametto di salvia per la benedizione con il fumo
- ✶ «doni di saggezza» per la strega appena ordinata
- ✶ tamburi

Tempi: il novilunio è il periodo migliore per svolgere questo rituale.

Riunite la congrega, accendete il fuoco, e sedetevi attorno ad esso. Passate di mano in mano il rametto di salvia per la benedizione con il fumo.

Presentate il nuovo nome spiegandone il significato. Per esempio: «Io ti saluto "Signora del Lago Argenteo", così chiamata perché sei luminosa e riflessiva; perché risplendi».

I presenti daranno il benvenuto alla strega appena battezzata girando in cerchio e pronunciando le loro benedizioni e auguri per il suo futuro. «Signora del Lago Argenteo, che tu possa vedere il mondo e trovare il luogo che più di ogni altro parla al tuo cuore».

A questo punto, il gruppo presenta i doni di saggezza. Ovviamente non stiamo parlando di regali preziosi; potrebbe essere, per esempio, un libro che vi ha cambiato la vita, oppure un amuleto di ambra per garantire protezione.

Suonate il tamburo e cantate in questa sera di luna nuova, perché un nuovo e importante membro della congrega è appena nato!

Il nuovo anno personale: Rito del compleanno

L'anniversario della nascita è paragonabile all'anno nuovo, dove tutti possono ricominciare da zero, indossare abiti nuovi, iniziare una nuova vita con un atteggiamento diverso e grandi speranze. Invitate gli amici e i vostri cari in questo giorno speciale.

Che cosa vi serve:

* tante candele
* 1 tazza (240 ml) di acqua
* un piattino con il sale
* incenso
* un capo di vestiario nuovo (per es.: una sciarpa) oppure un gioiello nuovo
* dolcetti da condividere

Accendete quante più candele possibile nella stanza in cui svolgete questo rituale. Con le candele formate un cerchio all'interno del quale metterete gli oggetti che rappresentano ciascun elemento: il piattino con il sale per la Terra; la tazza con l'acqua, per l'Acqua; l'incenso per l'Aria; e la candela per il Fuoco. Sedetevi al centro del cerchio nella posizione del loto, e rilassatevi osservando le fiamme che oscillano. Avvertite la presenza dei quattro elementi e l'equilibrio che essi creano. Osservate come appare calda e viva la stanza. Osservate come la luce tremula e delicata delle candele diffonde un senso di sicurezza. Mentre vi crogiolate nell'atmosfera dell'amorevole luce delle candele, rivolgete a ciascuno dei vostri ospiti queste parole:

Io sono grata della vostra presenza nella mia vita. Possa il potere della Terra, dell'Aria, del Fuoco e dell'Acqua benedire tutti voi.

Una volta terminate le vostre dichiarazioni di apprezzamento, purificate il capo di vestiario nuovo o il gioiello nuovo passandolo attraverso il fumo dell'incenso. Poi mettetevi il gioiello o l'indumento, dicendo:

Con questa azione io dichiaro che qui inizia il nuovo anno, e il futuro che vedo risplende di speranza.

Rimanete nel cerchio di luce per 5 minuti. Dopodiché condividete i dolci e le bibite, e rilassatevi con i vostri amici. Tenete da parte qualche dolcetto da offrire agli dèi per ringraziarli della nuova vita che vi attende nell'anno che verrà.

Una casa per la nuova anima: Benedizione del neonato

Se c'è un rituale destinato ad essere rapido, è sicuramente quello che riguarda la benedizione di una nuova creatura in seno alla famiglia e al clan. Sarà lo stesso neonato (o neonata) ad annunciare a squarciagola quando è ora di smettere, e questo non fa che accrescere il divertimento!

Che cosa vi serve:

- una stoffa di un bell'azzurro acceso per fasciare il/la neonato/a
- una fiala di acqua benedetta

Non avete bisogno di altri strumenti, solo persone amorevoli e felici che circondino i neo genitori e la loro creatura. La cerimonia viene guidata da una sacerdotessa o da una anziana, e inizia con il benvenuto a tutti ed esprimendo una intenzione personale per i neo genitori e il/la bambino/a. Dopodiché, la sacerdotessa o l'anziana avvolge delicatamente il neonato nella stoffa azzurra, intonando nel contempo questo canto:

Dalla Dea noi veniamo
e a lei ritorneremo
come una goccia d'acqua
che cade nell'oceano.

Come sopra, così sotto.
Madre, padre, figlia, figlio,
vostro sarà il dono della saggezza.
Anziana/o e saggia/o, giovane e saggia/o
il benvenuto ti diamo con tutto il nostro amore.

Versate delicatamente una goccia di acqua benedetta sul capo del neonato e insieme intonate nuovamente il canto di benedizione.

A questo punto, la creaturina sarà indubbiamente pronta a schiacciare un pisolino e gli adulti potranno festeggiare allegramente.

Previsioni per il nuovo anno: Incantesimo di divinazione

Riunite un gruppo di donne attorno a un grande tavolo che potete usare come altare. Chiedete loro di portare libri di cucina, frutta, fiori o verdure da offrire alla Dea.

Che cosa vi serve:
- ✶ 13 candele
- ✶ una ciotola nera piena di acqua

Tempi: 1° gennaio.

Mettete le offerte e le 13 candele sull'altare attorno alla ciotola riempita di acqua, che sarà usata come specchio di divinazione (per prevedere il futuro). Accendete le candele, spegnete le luci e pronunciate ad alta voce queste parole:

Fiori, frutti, e piante della Dea,
per me un superbo incantesimo eseguite.
Grano e pane voi ci elargite.
Ditemi che cos'ha in serbo per me l'anno che verrà.

Dopo aver deposto le offerte sull'altare, ogni donna, a turno, si chinerà sullo specchio d'acqua. Alcune persone vedono delle immagini, ma il più delle volte l'informazione giunge sotto forma di sensazione, di pensiero o di riflessione. Le partecipanti condivideranno le loro visioni solo se si sentono di farlo.

Dopo che tutte le donne hanno guardato a turno, intonate insieme questo canto:

Figlie sotto questo sole
sorelle sotto questa luna
questa notte riceviamo le nostre benedizioni
grande e buona dea
noi ti ringraziamo per l'anno che verrà.

Unione magica

Quando due persone innamorate decidono di sposarsi, è un evento meraviglioso per tutta la comunità di amici e familiari. È bello brindare alla coppia felice e riconoscere l'importanza di tale decisione. Invitate la coppia e chiunque altro desideri condividere questa benedizione.

Che cosa vi serve:

- ✶ rose gialle e candele gialle a simboleggiare la gioia
- ✶ champagne, sidro e calici
- ✶ tortine e biscotti di forma rotonda a rappresentare gli anelli

Quando tutti sono presenti, accendete le candele e porgete una rosa allo sposo e alla sposa. Poi pronunciate questa benedizione:

Oggi il nostro amore con voi condividiamo
alla vostra gioia per i giorni a venire
partecipiamo.
Il cuore vi siete donati,
e i nostri cuori a voi doniamo.
Celebriamo questo luminoso inizio
e tutta la felicità che recherà.
Che siate benedetti, cari ________ e
________ (pronunciate i nomi della coppia)
Gioia vi darete e nella gioia
vivrete.
Che siate benedetti. Così sia!

Adesso stappate la bottiglia di champagne e fatela passare assieme ai dolci condividendo un affettuoso brindisi.

Celebrare la vecchiaia: Rituale di incoronazione

Le donne non devono temere di invecchiare. Devono celebrare una vita piena e lunga, ed essere rispettate e onorate per la saggezza che offrono alla comunità. I riti che onorano la vecchiaia, come questo, indicano al gruppo che una donna è entrata in una nuova fase, di servizio e di leadership, in seno alla famiglia, alla tribù, al villaggio e alla sorellanza. Le anziane affermano che questo «rito di passaggio» coincida con il secondo ritorno di Saturno nella vita di una donna, tra i 58 e 60 anni, ma le donne moderne adesso decidono spesso da sole.

Benché la cerimonia in sé sia abbastanza lunga, l'incoronazione vera e propria dura 5 magici minuti.

Che cosa vi serve:

* un ramo fiorito
* una corona o una tiara (potete procurarvele in un negozio di costumi) da deporre sull'altare
* candele in numero tale da rappresentare ogni anno della vita dell'anziana

All'arrivo di colei che dovrà essere incoronata, il membro più anziano del gruppo dovrà prendere il ramo fiorito, immergerlo nell'acqua e scuoterlo sopra la testa di colei che sarà incoronata, pronunciando questa benedizione:

Nel nome della Dea, io ti benedico.
Nel nome di Madre Terra, io ti benedico.
Nel nome di ogni donna, io ti benedico.
Sorella, accetti tu il ruolo di maestra e leader?

L'anziana risponde. Se accetta il titolo, allora il membro più anziano dice:

Lei è incoronata.

Dopodiché, pone la corona della vecchiaia sul capo della nuova anziana. Adesso tutti pronunciano in coro queste parole:

Insieme ci siamo riunite per celebrare* (il nome dell'anziana) *che è entrata nell'Età della Saggezza.

Adesso il membro più anziano e quello più giovane accendono le candele. Dopo che tutte hanno espresso il loro tributo a colei che è stata appena incoronata, quest'ultima può esprimere i suoi sentiti ringraziamenti e concludere con queste parole: «Che siate tutte benedette». A questo punto viene servito il cibo, e sarà un anniversario memorabile.

Visualizzazione della Dea

Ho condotto molti gruppi in questa meditazione guidata. I partecipanti si mettono a loro agio, poi formano un cerchio da seduti, stando in piedi oppure sdraiandosi. Le uniche cose di cui avete bisogno sono una mente aperta, e carta e penna per annotare il messaggio speciale che la Dea Madre ha per voi.

Creature benedette, state per entrare in contatto con la Grande Madre Terra, Gaia. Immaginate di sentire la terra sotto i piedi nudi. Riuscite a percepire l'erba con le dita, il solido terreno sotto i piedi. Avvertite la solidità e il potere della terra, mentre infonde forza al vostro corpo; siamo tutte fatte di argilla. Da lei veniamo, di terra siamo fatte. Percepite il collegamento con la Madre. Di polvere di stelle e argilla e acqua degli oceani siamo fatte. Percepite il sangue che scorre nelle vene. La linfa vitale. Acquisite la piena consapevolezza di essere vive. Percepite il vento, il respiro vitale. Respirate profondamente per dieci volte, riempiendo completamente i polmoni e svuotandoli completamente. Respirate e avvertite il torace che si alza e si abbassa ad ogni respiro.

Adesso percepite la colonna vertebrale che si collega alla terra; sentite un filo che collega voi e la vostra vita alla terra. Concentratevi su questo filo finché non lo sentite scorrere attraverso tutto il corpo e penetrare nella terra. Strattonate il filo, sentendo che cede. Adesso prendete il filo tra le mani e seguitene il percorso verso il basso, verso le profondità della terra. Mentre scendete, l'oscurità vi avvolge, ma non dovete avere paura. Confidate nell'universo e continuate a scendere nel grembo della Madre. Verso il basso andiamo, ma senza cadere, muovendoci in modo deliberato, con grazia, seguendo il filo della terra. Adesso vedete una luce. Avanzate verso la luce, continuando a stringere il filo che vi conduce verso quel punto luminoso.

La luce si fa più vicina, e vi accorgete che si tratta di una apertura, di una grotta, di un posto sicuro dove trovare rifugio. Entrate nella grotta. È inondata di luce, il bagliore del fuoco è riflesso da migliaia di cristalli. Una donna anziana siede accanto al fuoco, riscaldandosi le ossa nella sua confortevole grotta asciutta. È un posto bellissimo, ancora più bello del palazzo di un re o del castello di una regina. È la grotta di cristallo della Dea, e voi siete con lei. Mostrate rispetto alla Dea e accendete l'incenso sull'altare che si trova accanto alla grotta, ricoperto di pietre scintillati e gemme inestimabili, il tesoro e la bellezza della nostra generosa benefattrice.

Sedete in silenzio e prestate attenzione al messaggio speciale che ha per voi. Voi siete le sue figlie, e lei ha sognato un sogno per voi. Adesso ascoltiamo e respiriamo. Così sia.

Adesso aprite il cerchio e rimanete in silenzio per qualche minuto, affinché ognuno possa annotare nel diario le proprie impressioni e visioni. Negli anni a venire, se voi e il vostro gruppo di donne decidete di svolgere questo rito ogni anno, come vi consiglio, potrete condividere e confrontare gli appunti presi in precedenza. Un modo meraviglioso di elaborare le diverse fasi della vita.

Per sempre felici dopo la cerimonia di inaugurazione della casa

Dopo esservi sistemate nella nuova casa, invitate gli amici e i familiari per benedire le stanze e assicurarvi di essere circondate da una buona energia.

Tempi: il novilunio è il periodo migliore per questa cerimonia.

Prendete una ciotola o una tazza, riempitela di acqua e aggiungete un pizzico di sale. Mettetevi davanti alla stanza, accanto alla porta di entrata. Immergete le dita nell'acqua e spargete delle gocce sulla soglia. Stando rivolte verso est, pronunciate queste parole:

Forze dell'Est,
dimora del sole nascente,
speranza e ispirazione dispensate.

Spargete qualche goccia a est, poi rivolgendosi a sud, pronunciate queste parole:

Forze del Sud,
dimora del calore e della luce dell'estate,
gioia e ricchezza dispensate.

Spargete qualche goccia a sud, poi rivolgendosi a ovest, pronunciate queste parole:

Forze dell'Ovest,
dimora degli oceani e dei fiumi,
il potere delle onde dispensate.

Spargete qualche goccia a ovest, poi rivolgendosi a nord, pronunciate queste parole:

Forze del Nord,
dimora dell'inverno, dei monti e della stella polare,
sicurezza e visione dispensate.

Adesso tirate fuori il vino, l'idromele e lo spumeggiante sidro e festeggiate perché adesso la vostra casa è benedetta!

Capitolo 4

Rimedi veloci:

Erbe, tisane e toccasana per voi e i vostri cari

Gli incantesimi di guarigione sono la «magia della terra». I rituali che servono a stare bene fisicamente e psichicamente sono estremamente pratici. Sono un meraviglioso mix di giardinaggio, tradizione erboristica, attenzione alla luna e al cielo, e di ascolto dell'antica saggezza popolare. La magia curativa si avvale di incantesimi in cui si sfruttano le proprietà delle erbe e delle piante, dando così origine a una combinazione potente. Si tratta di un processo sottile, che diventa più efficace col passare del tempo attraverso una pratica costante. La strega moderna sa che la maggior parte delle malattie ha origine da una miriade di cause, le cui radici comuni sono la trascuratezza, lo squilibrio, lo stress eccessivo, la mancanza di sonno, e una alimentazione non sempre corretta. La strega sa che la prevenzione è sempre meglio della cura, e la magia può fare molto per sostenere la capacità innata dell'organismo di curare se stesso.

Ovviamente, la magia curativa è molto di più della semplice recitazione di una formula magica. Più la chiarezza dell'intento e la concentrazione sono forti, più potente sarà il vostro incantesimo. Prima di svolgere uno dei prossimi incantesimi, riflettete sulle parole e sul vostro intento, attingendo energia dalla vostra fonte interiore. Avrete anche bisogno di un solido «quartier generale», una fonte di ispirazione e forza che abbia il suo centro sull'altare. Inondate di energia un altare ben allestito, e i vostri risultati saranno decuplicati.

La magia del focolare: Cure e rimedi

Molti rimedi possono essere preparati con quello che avete nella dispensa, dalle spezie alle erbe, alle piante. Qui di seguito troverete alcune ricette semplici e collaudate tramandate da generazioni di donne sagge:

✶ *Latte con noce moscata*: la noce moscata grattugiata allevia il bruciore di stomaco, la nausea e il mal di pancia. Grattugiate una minima quantità (circa 1/8 di cucchiaino) di noce moscata su 1 tazza di latte caldo (vaccino, soia, riso o avena). Rilassante e salutare.

✶ *Tisana con pepe di Cayenna*: usate questo pepe come rimedio in caso di raffreddore, tosse, mal di gola, bruciori di stomaco, emorroidi e vene varicose; oppure come digestivo e per migliorare la circolazione. Preparate una tisana aggiungendo ½ cucchiaino di pepe di Cayenna in polvere a 1 tazza (240 ml) di acqua bollente. Per rendere la bevanda più gradevole, versate 2 tazze (480 ml) di acqua calda. Aggiungete limone e miele quanto basta.

✶ *Erba gattaia*: questa erba non è solo per i gatti! Anche noi esseri umani possiamo trarne beneficio per alleviare il mal di pancia, o per ridurre la preoccupazione, l'ansia e la tensione nervosa. Prendete una manciata di foglie di erba gattaia essiccate e lasciate in infusione per 5 minuti in una tazza (240 ml) di acqua calda. Filtrate. Il miele aiuta ancora di più e una tazza o due al giorno di questa tisana vi farà sentire di nuovo in forma, rilassate e attive.

✶ *Succo di mirtilli rossi*: quante volte vi sarete sentite dire da vostra madre di bere il succo di mirtilli? E si scopre che aveva proprio ragione a insistere. Il succo naturale (senza zuccheri aggiunti) di mirtilli rossi è un toccasana per la vescica; anche gli uomini possono beneficiarne perché è eccellente per la salute della prostata! Due mezze tazze al giorno è quello che ordina la mamma!

✶ *Radice di echinacea*: la radice essiccata di echinacea, che potete trovare in erboristeria o nei negozi di prodotti biologici, è ottima per combattere il raffreddore e prevenire le infezioni delle vie respiratorie. Eccezionale per rinforzare il sistema immunitario! Sminuzzatene l'equivalente di un cucchiaino e lasciate in infusione in una tazza (240 ml) di acqua calda per 10 minuti. Dolcificate quanto basta e bevetene almeno un paio di tazze al giorno.

Altre erbe per preparare tisane salutari

Potete seguire la ricetta base che prevede una manciata di erbe da lasciare in infusione per 5 minuti in una tazza (240 ml) di acqua calda, e usare queste piante sia fresche sia essiccate:

✶ *Melissa* – un aiuto prezioso in caso di insonnia, ansia e inquietudine.
✶ *Radice di liquirizia* – un toccasana per lo stomaco e le ulcere della cavità orale.
✶ *Altea* – sia la radice sia le foglie rinforzano l'apparato gastrointestinale e le mucose.
✶ *Cardo mariano* – ottimo per il fegato e i reni.
✶ *Verbasco* – le foglie sono un valido aiuto in caso di mal di gola, tosse e congestione delle vie respiratorie superiori.
✶ *Ortica* – sia fresca sia essiccata previene le allergie.
✶ *Olmo* – la corteccia vi aiuterà a sbarazzarvi dei bruciori di stomaco, di una brutta tosse e del mal di gola.
✶ *Iperico* – l'estratto è ottimo per combattere la depressione, alleviare i dolori della sindrome premestruale e le vampate di calore.
✶ *Timo* – eccellente in caso di raffreddore e congestione nasale, è un antispasmodico.

Una tazza traboccante di salute: Tisana ricca di vitamina C

Questo tonico naturale è ricco di bioflavonoidi e vitamina C, i cui nutrienti risultano facilmente assorbibili. Bevetelo regolarmente e vi sentirete benissimo. La quantità degli ingredienti è indicata in parti, nel caso vogliate prepararne per tutta la famiglia.

Che cosa vi serve:

- 2 parti di citronella
- 3 parti di ibisco
- 4 parti di rosa canina
- 1 parte di stecca di cannella spezzettata
- teiera
- miele

Mischiate le erbe nel mortaio. Trasferite in una teiera nella quale verserete 4 tazze (960 ml) di acqua calda. Lasciate in infusione per 5 minuti, filtrate e servite con miele quanto basta. Se preparate gli ingredienti in anticipo, dovrete conservarli in un contenitore con chiusura ermetica. Servite regolarmente come rimedio per prevenire i malanni di stagione.

Consigli rapidi:

Tè nero, verde e bianco

Usate il tè nero in caso di mal di pancia e mal di testa. Il tè verde rinforza il sistema immunitario, inoltre potete riutilizzare le bustine per tamponare piccole ferite o per calmare il prurito causato da punture d'insetto. Questi tre tè si ottengono dalle foglie della *Camellia sinensis*. Il tè bianco, ottenuto dalle foglioline più tenere, è una bevanda dolce con un contenuto di teina inferiore rispetto al tè verde o nero. È anche ricco di antiossidanti ed è consigliato per ridurre il colesterolo «cattivo» e migliorare la salute delle arterie. Il tè bianco è un po' costoso, ma oltre ad avere un sapore fresco e delicato, ha numerose proprietà benefiche per la salute.

Aromaterapia di primo soccorso: La magia degli oli essenziali

Miscelare gli oli essenziali per scopi magici è sia un'arte sia una scienza. Abbinandoli tra loro si può arrivare a far emergere le singole proprietà, le quali, interagendo tra loro, compiono veri e propri miracoli.

Oli essenziali classici

- Una goccia di olio essenziale di *lavanda* riscaldato tra le mani può evocare un'immediata sensazione di serenità.
- Una «annusata» di olio essenziale di *bergamotto* è in grado di calmare l'ansia e stimolare la mente.
- L'olio essenziale di *ylang ylang* contrasta l'ipertensione.
- L'olio essenziale di *rosmarino* riaccende la memoria e può favorire la traspirazione.

Per ottenere una miscela dall'aroma equilibrato ed efficace, devono essere presenti note diverse – una di testa (alta), una di cuore (media) e una di fondo (bassa), anche se alcune composizioni non necessitano di quest'ultima.

La nota di testa è l'odore che si percepisce per primo, cui segue la nota media: la vera e propria star. La nota di fondo è quella che fissa o trattiene la nota di testa ed emerge in un secondo tempo. L'abbinamento di queste tre note è importante per creare una miscela equilibrata che sia efficace (a livello olfattivo o topico, a seconda della miscela) per l'umore o per disturbi specifici. La regola aurea consiste nell'usare approssimativamente le seguenti percentuali: 30% della nota alta, 50% della nota media, e 20% della nota di fondo. Se la miscela non richiede una nota di fondo, arrotondate al 40% di nota alta e 60% di nota media. Per garantirvi risultati ottimali, utilizzate sempre le marche migliori di oli essenziali (v. Risorse, pag. 141). Consultatevi con il vostro erborista e cercate prodotti testati GC/MS, perché questo è lo standard migliore per gli oli essenziali. Io ho una riserva di boccette di vetro scuro (da 15 ml) e di etichette per gestire le emergenze in cui è necessaria l'aromaterapia.

Per le miscele alla pagina a fronte versate con cautela gli oli nella boccetta, poi agitate delicatamente per amalgamare. Potete frizionare una goccia sui punti energetici dei polsi oppure utilizzare un diffusore. Quelle che seguono sono miscele molto popolari. Se utilizzate un diffusore, non è necessario un olio vettore. Io utilizzo un tipo di diffusore molto semplice e antiquato, che consiste di un anello di argilla che si può mettere alla base di una lampadina. Il calore di quest'ultima diffonderà lentamente nell'ambiente il profumo e di conseguenza le sue proprietà. Se intendete usare la miscela sui punti energetici dei polsi, dovrete aggiungere un olio vettore. Fate sempre un test di tolleranza cutanea per verificare che non provochi reazioni indesiderate.

Euforia

Il dolce sentore di questa miscela vi darà una sensazione di calore e di benessere, persino di euforia.

✶ 1 goccia di bergamotto, di limone, e di neroli (note alte)
✶ 1 goccia di ylang ylang, di gelsomino, di camomilla romana, di geranio, e di rosa (note medie)
✶ 1 cucchiaio di olio vettore, preferibilmente di jojoba o di albicocca

Quiete

Se avete bisogno di un attimo di tranquillità, provate questa miscela dalle note agrumate e floreali.

✶ 3 gocce di arancio (nota alta)
✶ 5 gocce di ylang ylang (nota media)
✶ 2 gocce di patchouli (nota di fondo)
✶ 1 cucchiaino di olio vettore, preferibilmente di sesamo o di jojoba

Lucidità mentale

Schiarite la mente e acquisite la sensazione di essere vigili con questa miscela solare.

✶ 1 goccia di rosmarino, di menta piperita, di bergamotto, e di limone (note alte)
✶ 1 goccia di menta, di geranio, di ylang ylang, di gelsomino, e di camomilla romana (note medie)
✶ 1 cucchiaino di olio vettore, preferibilmente mandorle o vinacciolo.

Essenza per calmare le emozioni

Perché, oggigiorno, abbiamo l'impressione che ogni giornata duri quanto un'intera settimana? Staccare la spina dai notiziari e dall'uso compulsivo dei social media è un valido aiuto, così come lo sarà questa essenza aromatica. Un rimedio eccellente per ricaricarsi e rigenerarsi dopo una settimana febbrile.

Che cosa vi serve:

* una ciotola di ceramica o vetro
* 2 gocce di olio essenziale di bergamotto
* 2 gocce di olio essenziale di vaniglia
* 1 goccia di olio essenziale di ambra
* 2 gocce di olio essenziale di lavanda
* 4 gocce di olio vettore, preferibilmente albicocca o sesamo

Tempi: una essenza che risulta più potente subito dopo il tramonto, sotto i raggi lunari. Mischiate gli oli nella ciotola.

Toglietevi le scarpe per radicarvi meglio. Uscite sul balcone, sulla terrazza oppure mettetevi accanto a una finestra aperta. Chiudete gli occhi, sollevate il viso verso la luna e recitate ad alta voce questa formula:

Fulgida dea della luna, eterna e saggia, infondimi la tua forza.
Ad ogni mio respiro, questa notte in me vivrai.
Salute a tutti, e pace a me.
Così sia.

Frizionate delicatamente una goccia di questa essenza magica sui punti energetici: sui polsi, dietro i lobi, alla base del collo e dietro le ginocchia. Chiudete gli occhi e inspirate il sereno e dolce aroma per 5 minuti. Se avete bisogno di più tempo per rigenerarvi e ritrovare la calma, continuate a respirare consapevolmente e a meditare. Mentre gli oli vi avvolgono con il loro caldo sentore, vi sentirete colmare di una forza tranquilla.

Le acque del benessere

Da migliaia di anni noi, esseri umani, ci «immergiamo nelle acque» per rigenerarci e anche per curare le malattie. Un bagno rituale che vi rilasserà e al tempo stesso vi stimolerà: è cosa rara e meravigliosa.

Che cosa vi serve:

- 4 tazze (720 g) di sali di Epsom
- una grande ciotola di vetro
- ½ tazza (120 ml) di olio vettore di mandorle
- 6 gocce di olio essenziale di consolida maggiore
- 4 gocce di olio essenziale di eucalipto
- 4 gocce di olio essenziale di rosmarino
- 6 gocce di olio essenziale di bergamotto

Versate i sali nella ciotola e mischiateli con l'olio vettore. Aggiungete gli oli essenziali, mescolando bene ogni volta che ne versate uno. Continuate a mescolare finché il composto non sarà perfettamente impregnato. Se necessario, potete aggiungere altro olio di mandorle.

Quando la vasca da bagno si sarà riempita per un quarto, versate un quarto della miscela di sali sotto il rubinetto. Respirate profondamente per dieci volte, inspirando ed espirando a pieni polmoni prima di recitare questa formula:

Spiriti della guarigione a voi mi offro.
Mondatemi di ogni impurità
nello spirito e nella mente.
A voi mi apro, corpo, cuore e anima.
Senza nuocere a nessuno, la guarigione mi sarà dispensata. Così sia.

Entrate nella vasca e respirate altre dieci volte profondamente. Ripetete la formula mentre usate la parte restante dei sali per strofinarvi il corpo, facendo attenzione a evitare la zona degli occhi. Rilassatevi e rigeneratevi finché volete, mentre visualizzate la salute e il vigore ritrovati.

Allontanare tutte le malattie: Detersivo per pavimenti

I detersivi in commercio sono pieni di sostanze chimiche e di potenziali tossine, pertanto vi invito a riconsiderare il loro utilizzo. Dei semplici detersivi a base di erbe preparati in casa sono molto più sani per voi e per i vostri cari, e hanno sempre un profumo più naturale. A chi non piace l'aroma di lavanda, di limone e di menta fresca?

Che cosa vi serve:

- una ciotola di ceramica
- acqua calda
- 1 litro di aceto di vino bianco
- 2 lime
- 2 limoni
- 1 manciata di menta fresca
- 6 gocce di olio essenziale di lavanda
- 1 secchio
- 1 straccio per pavimenti

Nella ciotola di ceramica versate 2 tazze (480 ml) di acqua calda e mezza tazza (120 ml) di succo di lime e di limone, poi aggiungete le foglie di menta fresca e l'olio di lavanda. Mescolate e lasciate riposare per mezz'ora, poi togliete le foglie.

Prendete un secchio pulito e riempitelo con 7 litri di acqua tiepida, poi versatevi la miscela che avete preparato. Immergete lo straccio, strizzatelo, e lavate accuratamente il pavimento. Mentre passate lo straccio, salmodiate questa formula:

Solo salute e felicità qui regneranno
in questo luogo solo luce e gioia permarranno.
Oscurità e malattia, io vi scaccio!
Senza nuocere a nessuno. Che tutti siano benedetti.

Risvegliare il respiro

A meno che non siate esperte nelle arti magiche, potrebbe capitare che svolgiate inconsciamente degli incantesimi che creano degli ostacoli sul vostro cammino. I pensieri negativi possono lasciare delle impronte e iniziare a manifestarsi.

Affinché aumentino la prosperità e la felicità nella vostra vita, durante il novilunio andate a fare una passeggiata. Raccogliete una pietra bianca oppure un fiore bianco e mettetelo sull'altare. Accendete una candela bianca, poi chiudete gli occhi. Svuotate la mente e respirate profondamente. Fate attenzione affinché la mente non divaghi; se percepite dei pensieri negativi, allontanateli.

Dopo aver inspirato ed espirato profondamente per dieci volte, dovreste avvertire una vibrazione sulla sommità del capo. A questo punto aprite gli occhi, fissate la fiamma della candela e ripetete per sette volte queste parole:

Io sono viva.
Io ho potere.
È tutto vero.
E così sia.

Ogni volta che avete dei pensieri negativi o un dialogo interiore improntato sulla negatività, ripetete questa formula.

Curarsi con i minerali

Sin dagli albori del tempo, gli esseri umani hanno usato pietre e cristalli come amuleti e talismani, per proteggersi e assicurarsi la buona sorte. Così facendo si sono garantiti un maggior senso di sicurezza. Per placare la mente la «medicina» più efficace consiste di una ametista, una rodocrosite e un turchese. Benché possa sembrare qualcosa di esotico, sono pietre che si trovano comunemente un po' ovunque. (Troverete maggiori informazioni sul potere dei cristalli al Capitolo 7).

Che cosa vi serve:

- ✶ un sacchettino di colore azzurro
- ✶ un cristallo di ametista
- ✶ un cristallo di rodocrosite
- ✶ un turchese

Mettete i cristalli nel sacchettino. Quando siete pronte, stringetelo nella mano e salmodiate queste parole:

Pietre della terra
riscaldate dal sole,
scacciate tutti i problemi,
aiuto e guarigione sono adesso a disposizione.

Vi consiglio di lasciare il sacchettino sull'altare dove sarà a portata di mano in caso di bisogno.

Stupende pietre d'altare

Ai cristalli è stato definitivamente riconosciuto il potere di infondere una maggiore forza fisica e di migliorare la salute, e li potete usare per decorare il vostro altare (v. pag. 76). Il *turchese* serve a radicarsi, mentre l'*agata* alza il livello energetico. Per una buona circolazione, provate la *corniola*. Per evitare di complicarsi la vita, ottima la famiglia delle pietre organiche: *conchiglie*, *coralli* e *abalone*. Per rafforzare la salute e il benessere, provate il *corallo rosso* per i polmoni, l'*eliotropio* per il cuore, e la *pietra di luna* durante la gravidanza.

Consigli rapidi:

Ispirazione immediata

- ✶ Per sollevare lo spirito, accendete una candela verde e mentre meditate stringete tra le mani una *giada*, foriera di armonia.
- ✶ Indossare un cristallo di *quarzo* creerà tranquillità dentro di voi e attorno a voi.
- ✶ Se vi sentite oppressi o minacciati, stringete una *ossidiana nera*. Se lo stress è causato da un sovraccarico di lavoro, tenete l'ossidiana sulla scrivania. Questa pietra assorbe le negatività.

La Dea della guarigione: Invocazione ad Artemide

Allestire un altare dove eseguire i riti di guarigione proteggerà la vostra salute fisica e quella dei vostri cari. L'altare è una postazione di lavoro sacra, e si carica con il vostro potere personale. Questo altare deve essere rivolto a nord, la direzione che corrisponde all'«ora delle streghe», la mezzanotte, due elementi – la direzione e l'ora – che renderanno potente l'operazione magica. Questo santuario dell'arte della guarigione deve essere estremamente personale e riflettere tutto ciò che per voi significa benessere.

Questo altare è dedicato alla dea Artemide (v. pagina a fronte)

Che cosa vi serve:

- una stoffa di colore bianco
- 2 candele verdi, per la salute,
- 2 portacandele di vetro dello stesso colore
- una statuina di Artemide, oppure un simbolo a forma di luna per rappresentarla
- incenso di legno di sandalo, canfora o olibano
- portaincenso
- cristalli terapeutici e oggetti che ispirano benessere

Per prima cosa, ricoprite l'altare con la stoffa bianca, che equivale a fare tabula rasa di tutto. Prendete le candele e posizionatele nei due angoli estremi dell'altare. Mettete la statuina di Artemide al centro dell'altare, e il portaincenso tra le due candele, dopodiché accendete l'incenso.

Adesso decorate l'altare con oggetti che per voi rappresentano l'energia curativa. Magari come portacandela potete sceglierne uno ricavato da un aggregato di ametista, che possiede proprietà terapeutiche; una conchiglia di abalone che racchiude la magia iridescente degli oceani; un fagottino di salvia dal dolce profumo; una piantina di limone ricca dei poteri rigeneranti delle vitamine; oppure una ciotola di sali marini dalle proprietà terapeutiche.

Questi oggetti simbolici, e qualsiasi altro di vostra scelta, infonderanno all'altare la magia che vive dentro di voi. Altrettanto importante è il fatto che l'altare deve essere bello ai vostri occhi e che deve farvi sentire bene quando lo guardate, tanto da desiderare di trascorrervi del tempo ogni giorno. Con il tempo irradierà un campo di energia curativa e positiva.

Artemide, dea della luna che guarisce

Artemide, la dea greca della luna, è una delle divinità più conosciute e, a quanto pare, è di lei che abbiamo più bisogno dal momento che presiede la guarigione. Nel pantheon romano è conosciuta come Diana, la dea alla quale sono devote le streghe e le sacerdotesse della corrente Dianica. In quanto cacciatrice, può aiutarvi a trovare tutto ciò che state cercando, che sia tangibile o intangibile. In quanto divinità lunare, è in grado di illuminarvi. Quando volete praticare la magia lunare invocatela pronunciando ad alta voce queste parole: «Io ti invoco, amata Artemide». Vi consiglio di approfondire il mito che la circonda per creare voi stesse delle cerimonie lunari originali. Onoratela, dedicandole un altare o uno spazio sacro per attirare, oltre alla salute, una delle sue numerose qualità.

Consigli rapidi:

Sollievo con l'orecchino

Indossate un orecchino d'oro e uno d'argento per liberarvi dal mal di testa.

Capitolo 5

Prosperità immediata:

Segreti della magia del denaro per una vera abbondanza

Da secoli le streghe sanno che la fortuna non è né casuale né misteriosa. Grazie alle donne sagge della mia famiglia, che hanno condiviso apertamente i loro «segreti», ho imparato da subito che potevo manifestare la mia volontà attraverso gli strumenti della magia. Nelle emergenze ho usato l'arte magica per rimpinguare le casse. Mi sono anche avvalsa degli incantesimi di prosperità per trovare una bella casa, attirare opportunità lavorative, e aiutare gli altri.

Quando, dopo essermi laureata, arrivai a San Francisco senza un centesimo, mi resi conto che l'affitto sarebbe stato dieci volte più costoso di quanto potessi permettermi. I miei amici restarono a bocca aperta quando, al mio primo tentativo di trovare un lavoro, ottenni un impiego presso una prestigiosa società che si occupava di intermediazioni finanziarie. E non solo, giusto un paio di giorni dopo, riuscii a trovare uno spazioso appartamento in stile Vittoriano (con tanto di cupola stregonesca). Ma nulla di tutto ciò fu casuale, ve lo assicuro.

Non appena affrontate il tema della prosperità in modo consapevole, vi accorgerete di avere il potere di scegliere l'abbondanza. E quando la prosperità economica aumenta, le preoccupazioni causate dalle questioni materiali o dalla mera sopravvivenza si riducono. Dopodiché si può iniziare a lavorare per conseguire quella che è l'autentica prosperità, ovvero, l'espansione della mente che nasce dall'apprendimento, dal perseguire i vostri interessi, dal trascorrere del tempo con familiari e amici, e dal godersi la vita.

Aprire la strada alla prosperità

Per gli incantesimi di prosperità, vi consiglio di procurarvi una bacchetta di legno di frassino (*Fraxinus excelsior*). Il frassino è una pianta a crescita rapida, longeva e resistente. Un legno da utilizzare per attirare la prosperità e favorire la crescita personale.

Vi consiglio di tenere la bacchetta sull'altare; a una estremità potete anche applicare un cristallo, come il citrino (v. pag. 114) per accrescere il potere dei rituale svolto sull'altare. Per esempio, quali che siano gli elementi rituali che simboleggiano il denaro, puntate la bacchetta con il cristallo su di loro per caricarli ancora di più.

Flusso di denaro: Fontana Feng Shui

Le fontanelle sono un'ottima «cura Feng Shui» per favorire la prosperità. Per chi non ha la possibilità di mettere una fontana in casa o nel giardino, il seguente rituale sarà comunque utile per far entrare un certo flusso di denaro nelle vostre casse.

Che cosa vi serve:

* almeno 8 sassolini di fiume levigati
* una ciotola verde capiente oppure un vaso alto
* acqua a sufficienza per riempire il contenitore
* la bacchetta della prosperità

Mettetevi davanti alla porta di casa e individuate l'angolo più estremo a sinistra: sarà la zona della prosperità e quindi il luogo perfetto per svolgere questo rituale. Collocate i sassolini sul fondo della ciotola o del vaso, poi versate lentamente l'acqua facendo attenzione a non rovesciarla. Prendete la bacchetta e pronunciate queste parole ad alta voce:

Nel nome della Dea, questo spazio io consacro.
Pace e prosperità scorrono in questo luogo.
Tutti i suoi abitanti godranno di abbondanza e grazia.
Senza nuocere a nessuno. Così sia.

Agitate delicatamente la superficie dell'acqua con la bacchetta di modo che si formino dei cerchi. Ripetete la formula, poi inginocchiatevi e ringraziate le energie dell'abbondanza.

Togliete i sassolini dal contenitore e andate a versare l'acqua sulle radici dell'albero più vicino a casa, oppure in una delle vostre piante da vaso più grandi che idealmente dovrebbe trovarsi appena fuori casa. Tenete i sassolini nell'angolo più estremo a sinistra della casa affinché la «cura Feng Shui» possa continuare a fare il suo effetto. Questo manterrà costante il flusso dell'abbondanza nel vostro spazio personale.

Sacchetti della prosperità: Portafortuna fai-da-te

Un sacchetto portafortuna contiene degli oggetti caricati di magia per un intento specifico. Potete potenziare gli oggetti lasciandoli sull'altare per 24 ore oppure, per un intervento rapido, usate il seguente incantesimo.

Che cosa vi serve:

- 30 cm di cordoncino di colore verde
- 1 candela verde
- incenso di timo o di cannella
- un sacchettino di mussola (che stia nel palmo della mano)
- bolline
- 1 stecca di cannella
- 1 cucchiaino di foglie di basilico essiccate
- 3 pietre di giada verde, peridot o turchese (della dimensione di un ciottolo)

Mettete da parte il cordoncino, e sistemate tutti gli altri oggetti sull'altare. Accendete la candela e l'incenso. Prendete il sacchettino e passatelo nel dolce fumo dell'incenso mentre pronunciate la seguente formula:

Benedetta è la mia vita, questo lo so.
In questo sacchetto la prosperità scorrerà.
Luminoso è il futuro, ovunque io andrò,
Benedetta è la mia vita, questo lo so.
Senza nuocere a nessuno. Così sia.

Usando il bolline, suddividete la stecca di cannella in 3 parti. Tagliate il cordoncino in 3 pezzi. Mettete il basilico, i cristalli e la cannella nel sacchettino. Prendete i pezzi di cordoncino verde e annodandoli uno alla volta chiudete l'apertura. Tenete il sacchettino in tasca, e nella vostra vita il denaro scorrerà.

Manifestare prosperità e abbondanza con le intenzioni

Nel 2008, poco prima della crisi finanziaria passata alla storia come la «grande recessione», mi ritrovai in una situazione finanziaria molto grave. Mi ero trasferita dal mio compagno e insieme avevamo acquistato una casa a una delle estremità della baia di San Francisco con un minuscolo scorcio sull'oceano Pacifico. Lui lavorava nel settore informatico e i suoi guadagni erano di gran lunga superiori ai miei, ma l'economia non era il suo forte. La casa era modesta ma ci piaceva, e così mi dedicai anima e corpo al giardinaggio, seminando erbe, allestendo santuari sacri e occupandomi di tutti gli adorabili aspetti di una dimora wiccan.

Lui morì improvvisamente prima del nostro matrimonio, e ancora prima di avere il tempo di superare lo shock della sua morte, fui sommersa dai conti da pagare: funerale, rate del mutuo, costi della degenza, e da una miriade di spese impreviste che mi lasciarono quasi al verde. Ero profondamente addolorata ma sapevo che dovevo trovare il modo per uscire da quella situazione. Dovevo vendere la casa al più presto, trovare un appartamento abbordabile, impacchettare tutto e trasferirmi, oltre a trovare il modo di guadagnare più denaro.

In momenti come questi, occorre ricorrere alla magia di gruppo. Chiesi a un gruppo di amiche che mi avevano aiutato molto in quei momenti difficili se fossero disposte a riunirsi una volta alla settimana per svolgere un rituale per manifestare le intenzioni. Furono felici di aiutarmi e anche curiose. Durante il nostro primo incontro, ciascuna di noi dichiarò la propria intenzione di ottenere un determinato risultato – non potei fare a meno di notare che tutte le loro intenzioni erano molto più fattibili delle mie. Ognuna di noi portò anche qualcosa da mangiare che avremmo poi condiviso.

Iniziammo il nostro rituale di gruppo muovendoci in cerchio ed esprimendo la nostra gratitudine per tutto ciò che avevamo nella vita.

Poi, ciascuna di noi espresse la propria intenzione di attirare qualcosa di ben preciso. Kara disse: «Io ho bisogno di una libreria per sistemare i libri e i giocattoli di mio figlio. Chiedo questo per il bene di tutti. E così sia».

Il nostro gruppo era formato da cinque donne, quindi impiegammo meno di 5 minuti per esprimere le nostre intenzioni individuali. Dopodiché, espressi il mio profondo ringraziamento per il loro sostegno e condividemmo il cibo.

Il mattino dopo ricevetti una telefonata da Kara. «Non ci crederai», mi disse, «ma quando sono uscita di casa ho trovato una libreria. È come nuova ed è pure bianca, esattamente quello che avevo in mente. Accidenti, quel rituale per manifestare le intenzioni funziona davvero!». Kara aveva perfettamente ragione. La magia di gruppo volta a manifestare delle intenzioni che siano positive per voi, ma anche per chiunque altro sul pianeta, funziona sul serio. Mi ci volle un mese, ma alla fine anch'io ottenni tutto quello che avevo chiesto. La dea è buona. E le amiche sono fantastiche.

L'intenzione come strumento di manifestazione

Ho appreso l'arte delle intenzioni alcuni anni fa e l'ho subito inserita nei miei rituali mattutini. Al risveglio, a volte ancora prima di aprire gli occhi, dichiaro la mia intenzione per la giornata – ci vuole solo un minuto! Può riguardare il lavoro, le difficoltà economiche, un problema che devo affrontare, le relazioni, la salute, le speranze e i sogni... qualsiasi cosa, fintanto che sia anche per il bene di tutti. Per me è diventata una preghiera mattutina, rapida e silenziosa. Dichiaro semplicemente la mia intenzione, per esempio: «La presentazione di oggi andrà benissimo e questo mi consentirà di gettare le basi per il successo di questo nuovo prodotto, per il bene di tutti. Sono grata per questo giorno meraviglioso. E così sia». Nel momento più difficile delle mie traversie economiche, ero stata molto precisa, avevo espresso l'intenzione di ottenere esattamente la cifra che mi occorreva per pagare le rate del mutuo, le bollette ecc. Quando si lavora sulla manifestazione, anche i minimi dettagli sono importanti, perciò, se è il denaro ciò volete attirare, specificate pure l'ammontare.

Tenete a mente anche questi consigli:

✶Evitate di usare parole che hanno una valenza negativa, come «non posso», «ma» e «non farò/sarò»; inoltre, amplificate la vostra intenzione facendola seguire immediatamente da una dichiarazione di gratitudine.

✶Esprimete sempre la vostra intenzione come se stesse accadendo nel presente e non in futuro. Siate precise e non ponetevi limiti.

✶Le intenzioni non devono essere sempre personali, pertanto quelle rivolte al bene più grande di tutti contribuiscono a un cambiamento globale positivo.

✶Stabilendo ogni giorno delle intenzioni, diventerete campionesse della manifestazione. Ve lo auguro di cuore!

Erbe attira-denaro

In quanto strega del focolare ed entusiasta del giardinaggio, sono sempre alla ricerca di nuovi spunti su come utilizzare il potere di erbe, piante, radici e fiori nell'arte magica. Fate crescere il vostro benessere, letteralmente, con queste utili erbe.

✶Le **bacche di pimento** portano buona fortuna. Raccogliete sette bacche e mettetele in un sacchettino da tenere in tasca o nella borsa per una settimana. Il settimo giorno trasferite le bacche su un piattino resistente al calore e bruciatele con un incenso alla cannella mentre esprimete un desiderio.

✶Il **basilico** è un'erba preziosa che attira l'abbondanza oltre che l'amore. Spargete qualche foglia di basilico fresco sul pavimento della cucina, poi spazzatele con la vostra scopa magica mentre recitate questa formula: «La penuria fuori dalla porta se ne va e mai più rientrerà. Salute e ricchezza, eccomi qua. Senza che male alcuno sia mai arrecato. Così sia».

✶ La **cannella** viene addirittura chiamata la «dolce spezia del denaro». Con il suo profumo delizioso porterà fortuna e renderà gli affari più prosperi. Spargete un pizzico di cannella in polvere sulla soglia di casa, del negozio o dello studio, e osservate la ricchezza entrare!

✶ I *chiodi di* **garofano** portano fortuna e sono un valido aiuto persino nel gioco d'azzardo. Hanno anche il potere di unire le persone e di legarle. Se avete bisogno che la ruota della fortuna giri a vostro favore, utilizzate i chiodi di garofano negli incantesimi – così come sono, nell'incenso o in un potpourri – per creare l'energia dell'abbondanza.

✶ La **radice di zenzero** può velocizzare qualsiasi magia. Potete ridurre in polvere la radice essiccata; aggiunta ai vostri incantesimi per attirare il denaro vi farà ottenere la cifra che vi occorre molto più in fretta. Anche l'infuso di zenzero fa giungere il denaro velocemente!

✶ La **noce moscata** è un'altra spezia amata dai giocatori. Tenete una noce in tasca e la vostra fortuna migliorerà il giorno stesso.

✶ Il **timo** è un'erba comune che attirerà denaro nella vostra casa. Ogni volta che lo usate in cucina, attirate l'abbondanza e la ricchezza verso di voi. Sorseggiate un infuso di timo per far girare in fretta la ruota della fortuna e dare impulso a questo incantesimo: «Il timo magico è mio amico, è tempo di guadagni, senza più affanni. Gloria e lode a tutti quanti».

Sortilegio con le monete

A tutti capita di dover affrontare delle spese impreviste: l'auto da riparare, la parcella del medico, o una persona cara in difficoltà. Io dovetti dare fondo ai miei risparmi per rispondere alla chiamata di un familiare. Quando avete bisogno di risollevarvi in fretta economicamente, questo incantesimo è quello che ci vuole, credetemi.

Che cosa vi serve:

- athame
- 3 candele dorate (o gialle)
- incenso di olibano o di mirra
- 3 cristalli di colore giallo o oro, per esempio: occhio di tigre, ambra, citrino, giada gialla, o un'altra a vostro piacimento
- 3 spicchi di frutta di colore giallo o oro, per es.: mele Golden o arance
- 13 monete di tagli diversi
- un vaso di colore verde o oro con il coperchio

Tempi: eseguite questo incantesimo di sera e con la luna nuova, oppure durante la fase crescente.

Allestite un altare temporaneo dove di solito pagate le bollette e maneggiate il denaro – può essere la scrivania o magari il tavolo della cucina. Usate l'athame per tracciare il cerchio magico in quello che ben presto sarà uno spazio sacro. Mettete le candele, l'incenso, i cristalli e la frutta sull'altare temporaneo e sistemateli in gruppi di tre, di modo che ciascun gruppo abbia un cristallo, uno spicchio di frutta e una candela. Accendere le candele e l'incenso. Prendete le monete e fatele passare, una alla volta, nel fumo dell'incenso. Dopodiché infilatele nel vaso. Adesso prendete in mano i cristalli, fateli passare uno alla volta nel fumo dell'incenso, poi inseriteli nel vaso e chiudete. Prendete uno spicchio di frutta alla volta e sfioratevi il terzo occhio (al centro della fronte). Intonate ad alta voce questa preghiera:

Che sia per tutti una benedizione questa mia offerta,
e che su di noi si riversino i doni della terra.
D'oro e d'argento le mie casse riempite.
Nell'ora del bisogno, audace sarò.
Per il bene di tutti, giovani e vecchi.
D'oro e d'argento le mie casse riempite.
Così sia.

Spegnete le candele e l'incenso, e lasciateli sull'altare per utilizzarli in futuro, così come il vaso con le monete. Quando andate a letto, sognate che una persona cara, o voi stesse, riceve tanta ricchezza materiale e spirituale.

Pensiero magico: La mentalità dell'abbondanza

Venni a conoscenza della saggezza della maestra visionaria e scrittrice Louise Hay 25 anni fa, quando Duncan, un carissimo amico, mi regalò la sua consumatissima cassetta in cui Louise parlava di come sviluppare la mentalità dell'abbondanza.

Duncan mi spiegò le lezioni che aveva appreso dalla Hay. Nel caso delle bollette, per esempio, mi disse: «Invece di prendertela con l'azienda che fornisce l'acqua e l'elettricità, compila l'assegno, e mentre chiudi la busta pronuncia queste parole ad alta voce: «Grazie per avermi fornito l'energia per la mia casa ed esserti fidato che avrei pagato. Che tu sia benedetto!». Facemmo un rituale in cui ci recavamo insieme alla cassetta delle lettere ed esprimevamo la nostra gratitudine verso coloro che avrebbero ricevuto i nostri soldi, aggiungendo un ultimo tocco in cui baciavamo le buste affrancate dicendo: «Grazie!» prima di imbucarle.

Ben presto la cosa cominciò a funzionare per me, dal momento che avevo un atteggiamento più positivo verso il pagamento delle fatture. Mi resi conto che pagando prima della data di scadenza evitavo le sanzioni e che alla fine riuscivo a programmare le spese e a gestire il denaro in modo più intelligente. Ma il fatto più sorprendente fu che smisi di attendere con timore l'arrivo delle bollette e che iniziai a pagarle il giorno stesso in cui le ricevevo, ogni volta che potevo.

Questo accadeva nei primi anni '90 del secolo scorso, quando ci recavamo insieme alla buca delle lettere per il nostro rapido rituale. Oggigiorno, anche se potete avvalervi dei moderni strumenti di pagamento – digitali e on-line – potete comunque adottare questa mentalità ed esprimere i vostri ringraziamenti prima di confermare un'operazione. L'abito mentale dell'abbondanza è come un muscolo; più lo usate più forte diventa e più saranno le manifestazioni alle quali assisterete.

Louise Hay non è più con noi, ma la sua intelligenza e la sua generosità restano e, grazie a tutti i suoi libri, CD e DVD, possiamo ancora imparare da lei.

Celebrare l'abbondanza: Meditazione del mattino

La vera abbondanza nasce dall'osservare ciò che avete, invece di quello che vi manca. Con questo incantesimo inizierete il nuovo giorno con un tocco di magia.

Al risveglio, riflettete per qualche minuto sulle cose belle che avete nella vita. Dopo aver meditato su queste benedizioni, pronunciate questa formula ad alta voce:

Oggi e non solo oggi,
della vita vedo l'abbondanza.
Grazie, Dea,
per tutti i doni e la bellezza che ci sono
nel mio mondo.
Le mie benedizioni oggi con gli altri
condividerò
e onore a te renderò.
Vedo abbondanza per tutti.
Così sia.

La tazza della fortuna

Quando vi dedicate alla magia del denaro, è bene entrare in «modalità manifestazione» aiutandosi con una tisana della prosperità.

Che cosa vi serve:

- ✶ 1 cucchiaio di rosa canina essiccata
- ✶ 1 cucchiaio di camomilla essiccata
- ✶ 1 cucchiaino di buccia d'arancia
- ✶ 2 tazze (480 ml) di acqua calda
- ✶ teiera
- ✶ tazza verde
- ✶ colino
- ✶ 1 stecca di cannella

Nella teiera in cui avete versato l'acqua calda, aggiungete la rosa canina, la camomilla e la buccia d'arancia. Lasciate in infusione per 4 minuti. Versate la tisana nella tazza filtrandola, poi mescolatela, in senso orario o antiorario, con la stecca di cannella. Mentre sorseggiate la bevanda, visualizzate l'abbondanza che giunge nella vostra vita.

Alla ricerca del tesoro perduto: Pozione magica

L'umile tarassaco, considerato da alcuni una sgradevole pianta infestante, nasconde il suo potere. Un infuso di radice di tarassaco può aiutarvi a trovare un tesoro perduto, denaro, portafogli, persone. Quando sorseggiate la bevanda sotto i raggi lunari, il sonno sarà dolce e nei sogni riceverete indicazioni e messaggi.

Che cosa vi serve:

- mortaio e pestello
- 2 cucchiai di radice di tarassaco essiccata
- 2 tazze (480 ml) di acqua calda
- teiera
- guanti da forno
- una pirofila Pyrex grande (o altro contenitore
- un colino

Sminuzzate la radice di tarassaco nel mortaio, poi trasferite nella teiera dopo aver versato l'acqua calda. Lasciate in infusione per 5 minuti. Versate nella pirofila filtrando col colino. Adesso infilate i guanti da forno e sollevate la pirofila. Ripetete per sette volte e ad alta voce il nome dell'oggetto che state cercando. Dopodiché versate la pozione sui gradini di casa o davanti alla porta. Ben presto otterrete ciò che state cercando.

Bagno magico per attirare il denaro

Con questo rituale della prosperità in pratica potrete chiudere l'accordo ancora prima di un colloquio di lavoro. Operazione magica che risulta più efficace se eseguita di giovedì sera con la luna nuova o piena, anche se potete ricorrervi tranquillamente ogni volta che ne avete bisogno.

Versate 6 gocce di olio essenziale di menta, di verbena o di mela nell'acqua con cui state riempiendo la vasca. Potete usare anche tutti e tre gli oli. Spegnete tutte le luci, entrate nella vasca e rilassatevi alla luce di una singola candela verde. Chiudete gli occhi e meditate sui vostri desideri autentici. Che cosa significa la prosperità personale per voi? Di che cosa avete realmente bisogno e che cosa desiderate davvero?

Quando le risposte saranno chiare, concentratevi sulla fiamma della candela sussurrando queste parole:

Qui e ora, la mia intenzione è dichiarata.
La fortuna mi arriderà e tutti i bisogni soddisferà.
Senza nuocere a nessuno. L'abbondanza è di ciascuno.
Così sia.

Contanti in pochi istanti

Un altro modo per garantirsi la solvibilità consiste nel tenere in mano sette piccole pietre di turchese mentre si pronuncia ad alta voce questa formula:

Sii lesta, buona stella
sii gentile, buona stella
con queste pietre fortunate
la buona stella mi arriderà.
Così sia.

Riponete i turchesi nel borsellino o nella borsa. Contanti assicurati!

Invocazione all'albero generoso

Nella tradizione celtica, alcuni alberi erano chiamati «alberi dei desideri». I taoisti li chiamano alberi del denaro; quale che sia la loro denominazione, sono alberi che sanno essere «generosi».

Che cosa vi serve:

- ✶ un foglio di carta
- ✶ una penna
- ✶ 1 bastoncino d'incenso al gelsomino o alla rosa

Scrivete i vostri desideri di prosperità e fortuna sul foglio. La chiave consiste nell'essere specifici, perciò dovrete includere i particolari di quello che chiedete. Se avete bisogno di più denaro per acquistare un nuovo portatile, scrivetelo. Potete esprimere più di un desiderio. Adesso ripiegate in quattro il foglio (deve essere il più piccolo possibile) e sotterratelo al piedi di un albero generoso. Dall'elenco qui di seguito scegliete il vostro albero magico, oppure fidatevi del vostro intuito.

Accendete il bastoncino d'incenso, infilatelo accanto al punto in cui avete sotterrato il foglio e recitate ad alta voce questa invocazione:

Di più denaro e abbondanza ho bisogno per vivere,
ed è questo che ti chiedo di donarmi, albero generoso.
Io desidero ____________ perché davvero mi aiuterà.
Senza nuocere a nessuno. Così sia.

Ripetete la formula due volte e il vostro desiderio sarà realizzato.

Alberi generosi

- ✶ *Salice* per guarire i cuori infranti
- ✶ *Melo* per la divinazione e gli incantesimi
- ✶ *Ciliegio* per l'amore
- ✶ *Quercia* per la forza e il desiderio
- ✶ *Pesco* per la magia d'amore
- ✶ *Olivo* per la pace
- ✶ *Pioppo tremulo* per la sensibilità
- ✶ *Eucalipto* per la purificazione

L'opulenza dei fiori di campo

I pagani venerano i papaveri per il loro potere di attirare il denaro. Se avete un giardino o un pezzetto di terra, magari anche un prato vicino a noi, acquistate dei semi di papavero e seminatene la metà all'inizio della primavera. Conservate l'altra metà per questo incantesimo. Ben presto avrete una profusione di fiori di campo. E potete stare certe che sarete ricompensate dalla bellezza e dall'abbondanza dei papaveri per molti anni.

Che cosa vi serve:

* semi di papavero
* una bustina di carta
* una penna

Versate l'altra metà dei semi di papavero nella busta. Benedite la busta salmodiando queste parole:

Papavero, dorato come il sole,
Grazie per la nuova ricchezza che mi son guadagnata.
Con queste parole l'incantesimo è sigillato. Così sia.

Adesso scrivete la formula che avete salmodiato sulla busta. Chiudetela e infilatela nel portafogli, dietro a una banconota. La vostra economia inizierà a cambiare non appena la busta viene chiusa.

Capitolo 6

Incantesimi d'amore veloci

Attrarre, creare e conservare l'amore nella vostra vita

La prima operazione magica che svolsi, su richiesta di un'amica, fu un incantesimo d'amore. Probabilmente avrebbe funzionato alla grande, anche se non ebbi modo di appurarlo, visto che dopo un breve corteggiamento, si diedero a una fuga d'amore. Ma al di là di questo, l'idea che fossi riuscita a maneggiare l'arte magica mi diede molto coraggio. Inoltre, mi sembrava appropriato che l'affetto per una cara amica mi avesse spinto a cimentarmi proprio con la magia d'amore. Che cosa c'è di meglio degli incantesimi d'amore per iniziare a percorrere la via della magia? Incantesimi che creano il potenziale per l'amore, attirano l'attenzione e la devozione dell'altra persona, rafforzano l'unione di una coppia, invocano la magia del sesso, guariscono un cuore infranto e, magari, cosa ancora più importante, riempiono il vostro cuore di amore e compassione per voi stesse? Questo capitolo contiene riti segreti per preparare afrodisiaci, rituali per celebrare gli anniversari, e informazioni sul regno misterioso della luna e delle stelle. Perché trascorrere un sabato sera in solitudine quando conoscete già l'oggetto dei vostri desideri?
E perché dubitare del vostro potere di attrarre l'amore quando la chimica di un semplice abbinamento di erbe può rendervi praticamente irresistibili?

Per ottenere il massimo risultato dagli incantesimi d'amore dovete usare le erbe, i cristalli, e i colori giusti, oltre a scegliere il momento più adatto tenendo conto delle fasi lunari e dei segni zodiacali: tutti elementi che racchiudono quelle proprietà che corrispondono all'esito che vi auspicate.

La prima luna di un nuovo amore: Incantesimo con candela e campanella

Se siete in una fase della vostra vita in cui desiderare attirare un nuovo amore, provate questo incantesimo due giorni prima del plenilunio.

Che cosa vi serve:

- 1 candela votiva di colore rosa
- 1 vassoio
- 1 rosa rossa con il gambo lungo
- 1 campanella
- olio essenziale di rosa

Consultate il calendario lunare, e la prima sera del plenilunio mettete la candela sul vassoio che avete predisposto sull'altare. Sistemate la rosa rossa e la campanella accanto alla candela. Ungete la candela con l'olio essenziale di rosa. Per le due sere successive, racchiudete la candela a coppa tra le mani e indirizzate dei pensieri d'amore nella fiamma per almeno 5 minuti. L'ultima sera del plenilunio, staccate una spina dalla rosa e incidete il nome della persona che desiderate nella cera della candela, recitando queste parole:

L'amore vero io troverò.

Accendete la candela e scuotete la campanella per tre volte, dicendo:

Mentre questa candela inizia a bruciare, il vero amore vado ad attirare.
Mentre questa fiamma brucia sempre più alta, la sua passione mi scalda.

Agitate per altre tre volte la campanella e lasciate che la candela bruci per qualche minuto mentre ne fissate la fiamma. Annotate le vostre osservazioni nel diario o nel Libro delle Ombre e verificate quanto occorre prima che il vero amore si palesi nella vostra vita. In seguito, sarà interessante riguardare gli appunti per vedere quando è accaduto, in quale segno zodiacale si trovavano la luna e il sole, e tutti i particolari che serviranno alle vostre future operazioni magiche.

Sognare la fedeltà

Questo amuleto vi aiuterà a capire se la nuova relazione sarà duratura. Se non avete le idee chiare in merito, i vostri sogni potranno guidarvi. Usate questo talismano per affinare le capacità di chiaroveggenza.

Che cosa vi serve:

✶ un sacchettino di colore rosso
✶ 1 cucchiaino di lavanda, di timo e di chiodi di garofano essiccati
✶ bolline
✶ 1 baccello di vaniglia
✶ 30 cm di nastro o cordoncino rosso

Nel sacchettino rosso mettete la lavanda, il timo e i chiodi di garofano, e la metà del baccello di vaniglia che avrete diviso con il bolline. Adesso tagliate a metà il nastro o il cordoncino rosso usando il coltello sacro, e richiudete il sacchettino. Tenete tra le mani il sacchettino finché il vostro calore e la vostra energia non avranno pienamente impregnato il contenuto. Adesso recitate questa formula:

Venere, guida i miei sogni questa notte. Lui (o lei) è quello/a giusto/a?
Una vita ricca d'amore e di fedeltà, io sogno.
Ti prego, trasmettimi le tue risposte dall'alto dei cieli. Così sia.

Infilate il talismano sotto il guanciale. Al risveglio, ripensate ai vostri sogni. La risposta sarà immediata.

Meravigliosa invocazione d'amore

Tutte noi desideriamo che la nostra casa sia un luogo accogliente in cui regna l'amore e dove vivere in armonia con noi stesse e con i nostri cari. Un risultato che potete ottenere con questa semplice invocazione.

Che cosa vi serve:

- ✶ 2 candele di colore rosa
- ✶ olio essenziale di rosa
- ✶ 2 rose di colore rosa con il gambo lungo
- ✶ incenso di rosa e portaincenso
- ✶ 2 cristalli di quarzo rosa, di qualsiasi dimensione
- ✶ un vassoio dove disporre tutti questi elementi
- ✶ la vostra bacchetta per la magia d'amore

Sistemate tutti gli strumenti del rituale sul vassoio. Recatevi in camera da letto e appoggiate il vassoio sul comodino oppure su un'altra superficie accanto al letto. Ungete la bacchetta e le due candele con l'olio essenziale di rosa, poi mettete le rose e i cristalli di quarzo accanto alle candele. Adesso accendete le candele e l'incenso. Impugnate la bacchetta e intonate a voce alta questa formula:

Questo è un luogo dove la gioia regna.
Questa è una stanza dove il mio cuore dà.
Questo è il tempio dell'amore e del piacere.
Questa è una casa piena di beatitudine e luce.
Così sia.

Con la bacchetta tracciate per due volte un cuore tra le volute di fumo dell'incenso dicendo: «Io amo_______». In posizione eretta e con gli occhi chiusi, visualizzatevi con il partner mentre vi godete la compagnia reciproca, felici e innamorati. Concludete il rituale dicendo: «Sia lodato». Vi consiglio di tenere il vassoio nella camera da letto, sarà un tempio dell'amore in miniatura.

La tempistica è tutto: I segni zodiacali dell'amore

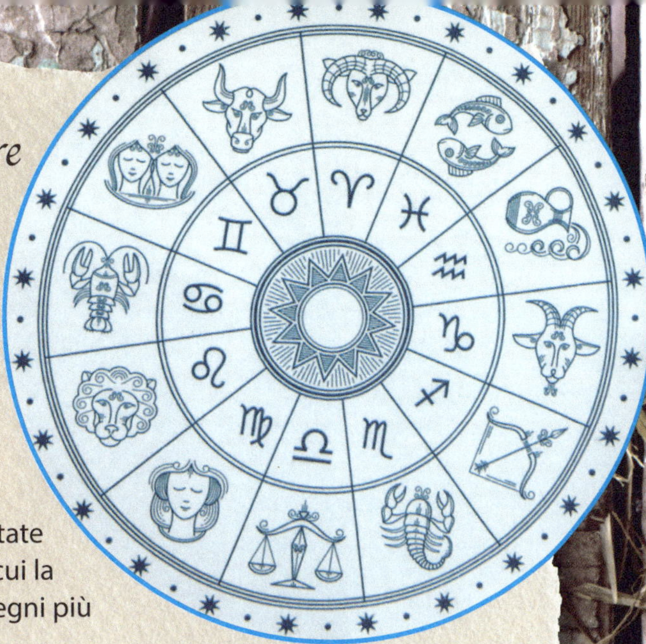

Se volete attaccare bottone con quel bel ragazzo timido che lavora con voi, provate a farlo quando il sole si trova in *Gemelli*, *Bilancia* o *Acquario*, i segni più propizi per la comunicazione.

Se, dopo alcuni appuntamenti soddisfacenti, desiderate che il rapporto si faccia più piccante, prenotate una cena afrodisiaca in una serata in cui la luna si trova in *Toro* o in *Scorpione*, i segni più sensuali.

Se volete dichiarare il vostro amore, fatelo sotto i segni passionali dell'*Ariete*, del *Leone* o del *Sagittario*.

Se desiderate riaccendere la scintilla con una vecchia fiamma, fatelo quando il sole o la luna si trovano nei segni dei *Pesci* o del *Cancro*, quando i sentimenti sono più forti. Come sempre, la tempistica è tutto, e certi giorni sono fatti per l'amore.

Avrete le chance migliori di fare la corte a una preda ambita sotto i segni di terra del *Capricorno*, *Toro* e *Vergine*. Che probabilmente troverete mentre state navigando su Internet o costruendo un impero.

Le bacchette per la magia d'amore

Nella sezione dedicata agli strumenti della strega, avete imparato a realizzare da sole la vostra bacchetta (pag. 12). Ecco che cosa dovete sapere sulla bacchetta perfetta da usare nei rituali d'amore.

✶ **Mandorlo** – è un legno dolce e molto più malleabile di altri; eccellente per la magia d'amore.

✶ **Faggio** – concede i desideri, quindi fate attenzione a quello che chiedete!

✶ **Betulla** – legno molto potente per i nuovi inizi.

✶ **Edera** – un legno associato ai misteri femminili in grado di legare le persone tra loro.

✶ **Lillà** – le bacchette realizzate con i suoi rami creano bellezza, armonia, felicità e attirano l'amore.

✶ **Palissandro** – la bacchetta perfetta per operazioni magiche in cui si invoca l'amore autentico e duraturo.

Incantesimo per i nuovi inizi

Un incantesimo per conoscere una persona nuova o per far evolvere una relazione già esistente.

Che cosa vi serve:

- ✶ 1 candela rosa e 1 candela azzurra
- ✶ olio essenziale di rosa o di gelsomino
- ✶ 1 o più fiori tra quelli che preferite
- ✶ 1 forcina o fermaglio per capelli, oppure una spilla da balia

Prima dell'alba, ungete le due candele con l'olio essenziale di rosa o di gelsomino e sistematele sull'altare. Accendete le candele, di fianco posizionate il/i fiore/i e intonate questa formula:

La guarigione comincia con i nuovi inizi. Ti prego, mostrami chi sarà.
Il mio cuore apro, ora sono pronta.
Oggi il mio cuore è pronto ad amare ancora.
Dea, tu mi indicherai come fare.
Così sia.

Spegnete le candele e lasciatele sull'altare. Appuntate il/i fiore/i all'occhiello o al taschino della giacca, oppure ai capelli e attendete il dolce messaggio della Dea.

Per rendere più piccante la vita affettiva

Inaugurate senza indugi un nuovo capitolo della vostra vita affettiva con questa tisana dell'amore.

Che cosa vi serve:

- ✶ tè alla cannella (che potete acquistare in erboristeria) oppure 3 stecche di cannella sminuzzate
- ✶ 1 tazza (240 ml) di acqua calda
- ✶ 1 cucchiaino di miele
- ✶ 1 cucchiaino di cannella in polvere (oppure altre 3 stecche ridotte in polvere nel mortaio)

Lasciate in infusione per 3 minuti. Aggiungete il miele e godetevi il dolce aroma speziato. Sorseggiate la bevanda mentre riflettete sulle vostre speranze, sulle vostre intenzioni e sui vostri sogni in merito a una vita affettiva felice e sana. Adesso spargete la cannella in polvere sulla soglia di casa. Quando la polvere sarà calpestata, i suoi poteri rigeneranti contribuiranno a rendere piccante la vostra vita affettiva.

Malia d'amore

Il gelsomino e la rosa hanno vibrazioni d'amore molto potenti in grado di attirare e ammaliare un amante. Questa semplice formula magica, recitata ad alta voce, creerà una magia sensuale.

Che cosa vi serve:

- 1 candela bianca
- olio essenziale di gelsomino
- olio essenziale di rosa

Ungete la candela con entrambi gli oli essenziali, poi chiudete gli occhi e recitate ad alta voce questa formula:

Venere, riversa la tua luce su di me,
e per un giorno, una dea io sarò.
Un amante, forte e coraggioso e sincero io cerco,
che con il tuo riflesso attirerò.

Adesso aprite gli occhi e fissate la fiamma. Venere, la dea dell'amore, ha ascoltato le vostre parole.

L'amore al primo swipe: Incantesimo per le app di dating

Sappiamo che molte persone trovano l'amore sui siti e sulle app di dating. Usate uno dei vostri strumenti magici, il pendolo (v. pag. 11), e una formula sussurrata per uno swiping rapido e accurato!

Tenete fermo il pendolo puntandolo sulla foto che la persona che potrebbe interessarvi ha caricato sul suo profilo, poi chiedetegli di indicare sì o no. Se la risposta è affermativa, fate scorrere il pollice («swipe» in gergo) verso destra! Una volta trovata la persona che vi interessa, abbozzate il primo messaggio da inviarle, recitando nel contempo la formula qui a fianco:

Dio dell'amore, alla velocità della luce il mio messaggio fai volare.
Che la freccia dell'amore il partner giusto possa trovare.
Senza nuocere a nessuno, e con tante benedizioni a ciascuno. Così sia.

Adesso premete invia. Assicuratevi di avere una risposta irresistibile già pronta!

Attirare quel fantastico sconosciuto

Sperate che il caso vi faccia imbattere in una persona che avete già incontrato di sfuggita e che sperate ardentemente di rivedere? Provate questo affidabile incantesimo di attrazione.

Che cosa vi serve:

* una radice di mandragora o un oggetto che ricordi una forma umana
* 1 tazza (20 g) di petali di rosa: rossa, bianca e rosa
* 1 candela rossa, 1 bianca e 1 rosa
* 2 calici di vino rosso

Mettete la radice di mandragora (che potete procurarvi in erboristeria) sull'altare. Se non riuscite a trovarla, potete sostituirla con una statuina, un disegno, una foto, o la figura di un uomo che rifletta alcune qualità della persona che desiderate. Circondate la radice o la base della figura con i petali di rosa e le candele. Accanto alle candele sistemate i due calici con un goccio di vino rosso. Assicuratevi che sia un vino di vostro gradimento e che desiderate condividerlo con un intento romantico, perché i calici andranno rabboccati ogni sera. Fate bruciare le candele per 5 minuti ogni sera per una settimana, iniziando di venerdì, il giorno di Venere.

Sollevate un calice, bevete un sorso di vino e recitate:

Dolce sconosciuto, amico del mio cuore,
voglia il destino che di nuovo ci incontriamo.
Salute, compagno leale, amico ben trovato,
questo vino condivido e a te brindo,
così che nella gioia ci incontriamo e nella gioia ci lasciamo
per incontrarci ancora nella gioia.

Quando uscite, assicuratevi di essere al top perché ben presto i vostri sguardi si incroceranno di nuovo.

Filtro d'amore

Concedetevi questo filtro sensuale che farà risplendere la vostra pelle e vi circonderà di un'aura seducente. Nessuno saprà resistere alle vibrazioni che sprigionerete grazie a questa essenza incantevole.

Che cosa vi serve:

* 2 cucchiai (30 ml) di olio vettore di mandorle
* 6 gocce di olio essenziale di gelsomino
* 6 gocce di olio essenziale di rosa
* 30 g di gel di aloe vera
* 1 flacone a pressione da 85 ml
* 1 cucchiaio (15 ml) di acqua di rose
* 1 candela rosa
* 1 bastoncino di incenso di rosa

Tempi: eseguite questo rituale di sera, al chiaro di luna.

Versate gli oli, l'acqua di rose e il gel di aloe vera nel flacone. Agitate il contenuto. Mentre vi svestite, immaginate di prepararvi per la persona che amate. Accendete la candela rosa e l'incenso di rosa, pronunciando queste parole:

Aperto è il mio cuore, il mio spirito vola.
Dea, portami l'amore. Così sia.

Adesso versate un po' di lozione sul palmo della mano e frizionatevi delicatamente il corpo. Mentre lo fate, sognate i piaceri che vi attendono.

Glamour irresistibile

Pochi sanno che la parola «glamour» deriva da un termine scozzese del XVII secolo che significa «lanciare un incantesimo o sortilegio su chiunque posi il suo sguardo su voi».

In fase di luna crescente, prendete gli anelli, la collana e gli orecchini che intendete indossare in occasione di un incontro galante e sistemateli sull'altare per caricarli di magia. Mischiate insieme un cucchiaio di queste erbe essiccate: verbena, cardo, camomilla e fiori di sambuco. Ricoprite i gioielli con la composizione di erbe, che poi cospargerete di sale. Lasciate agire per almeno 5 minuti, poi togliete le erbe e prendete i gioielli. Tenendoli in mano salmodiate questa formula:

Benedite di luce celeste questi gioielli
e la mano e il cuore di chi li indossa.
Che coloro che posano lo sguardo su di me
mi vedano con gli occhi dell'amore.

Adesso indossate i gioielli caricati di energia e di magia e recatevi al vostro appuntamento speciale.

Rito per una serata magica

Prendetevi tutto il tempo per prepararvi in vista di un incontro romantico, focalizzando i pensieri sull'amore e sulla sensualità.

Che cosa vi serve:

- petali di 1 rosa rossa
- una terrina capiente di vetro o ceramica e un cucchiaio di legno
- ½ tazza (90 g) di sali di Epsom
- ½ tazza (70 g) di bicarbonato di sodio
- ½ tazza (120 ml) di olio vettore, preferibilmente di jojoba o di albicocca
- 6 gocce di olio essenziale di gelsomino, di ylang ylang e di neroli (oppure 12 gocce di un unico olio se preferite una sola fragranza)

Un bagno distensivo è il preludio perfetto al vostro appuntamento. La temperatura dell'acqua deve essere gradevole al punto giusto per risultare rilassante, perché se è troppo calda rischiate di addormentarvi. Con il cucchiaio di legno mischiate tutti gli ingredienti nella terrina, ad eccezione dei petali di rosa, poi versate il tutto sotto il getto d'acqua. I sali di Epsom servono a distendere i muscoli tesi, mentre il bicarbonato di sodio unito all'olio vettore idrata la pelle. Questi oli essenziali dalle proprietà afrodisiache sono molto potenti. Adesso cospargete la superficie dell'acqua di petali di rosa, poi entrate nella vasca lasciando che filtri solo la luce del crepuscolo. Mentre il mix di acqua calda, oli e sali lenisce l'epidermide in profondità, lasciate che agisca anche sulla vostra anima.

Pozione della passione per massaggi

Gli oli essenziali di gelsomino, neroli, ambra e un tocco di vaniglia creano una miscela dal profumo inebriante ed esotico che persisterà per ore sulla vostra pelle.

Che cosa vi serve:

- ½ tazza (120 ml) di olio vettore neutro, preferibilmente di jojoba
- ¼ tazza (60 ml) di olio essenziale di gelsomino
- 10 gocce di olio essenziale di ambra
- 5 gocce di olio essenziale di neroli
- 5 gocce di olio essenziale di vaniglia
- boccetta di vetro scuro con contagocce

Versate gli oli nella boccetta, chiudete, e agitate il contenuto. Conservate al buio. La Lozione della Passione durerà sei mesi. Agitare bene prima dell'uso.

Formula di beatitudine

Se desiderate condividere la Lozione della Passione con un'altra persona, prima di farlo, benedite la miscela con questo incantesimo che renderà qualsiasi esperienza sentimentale paradisiaca:

Luce dell'amore, su di noi risplendi,
dubbi e paure aiutaci ad abbandonare
con la tua fulgida luce tutti i cuori vai a illuminare.
Unisci tutti noi, tutti coloro che ci sono cari.
Luce dell'amore, l'amore è vicino.
Così sia.

Suggellare con un bacio: Elisir d'amore

Quando siamo innamorate, tutte ci auguriamo di essere corrisposte. E gli incantesimi possono fare molto in tal senso! Eccone uno da condividere con il partner.

Che cosa vi serve:

- 2 cucchiaini di melissa, basilico, more o fiori di magnolia essiccati
- 2 tazze (480 ml) di acqua
- teiera
- 2 tazze
- miele

Per assicurarvi fedeltà in una relazione, preparate una tisana con una delle erbe citate che favoriscono la lealtà in amore. Fate bollire l'acqua, versatela nella teiera e aggiungetevi l'erba che avete scelto. Lasciate in infusione per 3 minuti, dopodiché versate la tisana nelle tazze dolcificando con un po' di miele. Intonate questa formula mentre mescolate il contenuto delle tazze:

Sincerità e lealtà,
a te non chiedo altro.
Dona il tuo cuore solo a me, e a nessun'altra.
Questa è la mia volontà.
Così sia.

Prima di condividere questo elisir con il partner, sussurrate mentalmente questo desiderio:

Dolce magnolia (o un altro fiore che avete scelto), fiore della Dea,
Esegui per me un incantesimo straordinario,
Fa' che __________ (nome del partner) ed io diventiamo una cosa sola.
Come sempre, senza nuocere a nessuno.

Con queste parole l'incantesimo è concluso.

L'incantesimo deve essere suggellato con un bacio. Adesso assaporate la bevanda con l'oggetto del vostro amore, dal quale non volete staccarvi, e la cui lealtà mai vacillerà.

Consigli rapidi:

La scopa: simbolo d'amore eterno

Se vi siete uniti in matrimonio seguendo la tradizionale cerimonia wiccan dell'*handfasting* (l'unione delle mani), nella quale si supera una scopa di saggina con un salto, allora appendetela in camera, accanto al letto. Queste scope sono spesso decorate con dei nastri, quindi, dato che non si possono usare i chiodi, per appenderla usate un cordoncino. Sarà un felice promemoria delle promesse d'amore che vi siete scambiati.

Tonico della passione

Per accendere la passione, bevete questo gustoso tonico assieme al partner.

Che cosa vi serve:

✶ ½ tazza (120 ml) di limonata
✶ 2 tazze
✶ 2 tazze (480 ml) di acqua
✶ ½ tazza (50 g) di radice di zenzero fresca tagliata a fettine
✶ 1 cucchiaino di cardamomo
✶ miele

Versate metà limonata in ciascuna tazza. Fate bollire nell'acqua lo zenzero e il cardamomo per 4 minuti, filtrate, versate nelle tazze e dolcificate con un po' di miele. Prima di sorseggiare questa voluttuosa bevanda, pronunciate queste semplici parole:

Dono della Dea e magia della luna,
che il fiore del nostro amore sbocci completamente.

Bevuta prima di un convegno amoroso, questa magica pozione renderà memorabile l'incontro. Ogni sorso è pieno del potere dell'amore.

Incantesimo per lasciare andare

Molte di noi hanno avuto, almeno una volta nella vita, dei problemi ad accettare la fine di una relazione.

Che cosa vi serve:

- ✶ un nastro nero, abbastanza lungo da avvolgere attorno alla vita
- ✶ bolline
- ✶ una fotografia o un oggetto che rappresenta il vostro ex

Tempi: da svolgersi preferibilmente durante la luna calante, quando le cose possono essere messe a riposo, ma funziona in qualsiasi momento ne abbiate bisogno. Ascoltate il vostro cuore e saprete esattamente quando è necessario.

Legatevi il nastro nero attorno alla vita in un giorno in cui la luna si trova nella fase calante. A una estremità del nastro, legate un oggetto che rappresenta la vecchia relazione: una fotografia oppure il nome dell'ex scritto su un foglietto, per esempio. Adesso recitate ad alta voce questa formula:

Ciò che è stato è stato, gli amanti si separano,
a te chiedo di lasciare il mio cuore.
In pace vai, e che nessuno abbia a soffrirne.
La mia nuova vita è appena cominciata.

Uscite all'aperto e usando il bolline sacro recidete il nastro e gettatelo via assieme al memento là dove non potrà più occupare il vostro spazio vitale. Dovreste percepire immediatamente una sensazione di libertà e di leggerezza, e adesso che non siete più gravate dall'amore perduto, attirerete molti nuovi potenziali amanti.

Rito per guarire il cuore con i venti purificatori

Aiutare qualcuno che è stato piantato in asso a superare lo shock, è un'ottima terapia che può rivelarsi benefica anche per voi. Recentemente, un collega molto brillante è stato «scaricato» senza tante cerimonie da una donna con la quale usciva da due anni. Mentre lo osservavo precipitare in una depressione sempre più profonda, sentii il dovere di aiutarlo utilizzando questo rito. Sapevo che ogni giorno si recava al lavoro a piedi, così, seguendo la procedura, sparsi i petali di una rosa vicino all'ingresso del suo ufficio affinché li calpestasse, liberando in tal modo i loro poteri terapeutici. L'altra rosa la lasciai sulla sua scrivania. Il suo stato d'animo migliorò a partire da quel giorno. La guarigione del suo cuore era iniziata e giorno dopo giorno lo vidi rinascere.

Che cosa vi serve:

✶ 2 rose bianche con il gambo lungo

Staccate i petali da una rosa, e benediteli recitando queste parole:

Vento dell'est, libero e selvaggio,
Aiuta **___________ (nome dell'amico/a)** ***a vedere.***
Un amore migliore da te giungerà.

Spargete i petali in un punto dove l'amico/a si reca spesso, per esempio all'esterno della casa o del luogo di lavoro. L'altra rosa datela a lui/lei.

Sortilegio del novilunio per liberare il cuore infranto

Il novilunio è il momento perfetto per creare nuove opportunità. Sbarazzatevi del «fardello» di una relazione con questo sortilegio. Se siete state ferite emotivamente, questa formula placherà il vostro dolore.

Che cosa vi serve:

- ✶ una ciotola di vetro trasparente nella quale versare 2 tazze (480 ml) di acqua
- ✶ un cucchiaio d'argento
- ✶ un salino
- ✶ incenso di palo santo
- ✶ 2 candele bianche e 2 candele nere

Mettete la ciotola con l'acqua sull'altare, e accanto sistemate il cucchiaio d'argento e il salino. Accendete l'incenso, le due candele bianche e le due candele nere. Versate il sale nel cucchiaio poi spargetelo nell'acqua e mescolate in senso orario. Recitate ad alta voce queste parole:

Questa notte dolore e sofferenza son banditi
e di luce questo cuore e questa casa son riempiti.
Senza nuocere a nessuno e benedizioni a ciascuno.
Così sia.

Dopo aver contemplato le fiamme delle candele per qualche istante, recitate di nuovo la formula. Spegnete le candele con il cucchiaio d'argento. Gettate l'acqua in strada, davanti alla porta di casa, vicino a un tombino. Tutte le vostre pene d'amore dovrebbero scomparire entro la fine di questo ciclo lunare.

Capitolo 7
Movimentare la vita:
Cristalli, gemme e pietre soprannaturali

Le gemme sono strumenti potenti che possono rendere la vita migliore. Le gemme, le pietre dure e i cristalli usati come amuleti, simboli, ciondoli e gioielli hanno una lunga tradizione in magia, e possono realmente arricchire la vostra vita in moltissimi modi. Volete ottenere un nuovo lavoro? La giada fa al caso vostro! Avete bisogno di superare un tradimento? Un incantesimo di guarigione con la crisocolla lenirà la sofferenza della vostra anima. Scrivere è il vostro mestiere e siete afflitti dal blocco dello scrittore? Una magia creativa con i cristalli è esattamente ciò di cui avete bisogno.

La magia dei cristalli va di pari passo con la magia dei colori e con l'arte degli incantesimi, tutti temi illustrati a fondo in questo libro. Con la magia dei cristalli imparerete ad apportare piccoli e grandi miglioramenti nella vostra vita. Scoprirete le gemme che sono speciali per voi e in che modo sfruttare appieno le pietre di nascita e i cristalli karmici. Apprenderete la magica arte di evocare e lanciare incantesimi con cristalli e pietre. Imparerete come utilizzare i cristalli per guarire e per garantirvi uno stato di benessere quotidiano. Utilizzare le gemme e i cristalli nei rituali, negli incantesimi e nelle affermazioni è un'esperienza millenaria per gli esseri umani. Integrando questa pratica nella vostra vita, creerete una corrente di energia positiva che vi consentirà di migliorare il vostro lavoro, le vostre relazioni, familiari e affettive, e qualsiasi altro ambito della vostra esistenza.

Sì, con la magia delle pietre tutto è possibile. Ancora una volta, benvenute in questo regno sfavillante e magico. Spero che siate pronte a intraprendere un viaggio speciale sotto un cielo dove ogni stella è un gioiello al quale potete affidare i vostri desideri!

Indirizzare il destino

A questo punto, dovreste sapere con precisione qual è il tipo di legno che volete per la vostra bacchetta (v. pag. 12). Adesso potete scegliere il cristallo ideale per potenziare il vostro strumento magico. Qui di seguito sono illustrati i poteri magici di alcuni cristalli affinché possiate scegliere quali utilizzare nei vostri incantesimi e rituali. I riti di abbondanza risulteranno rafforzati dall'eliotropio o dal citrino, mentre la calcite e il calcedonio offrono protezione. Individuate le pietre più efficaci per i vostri scopi.

Pietre soprannaturali

* *Agata muschiata* – per il potere di persuasione
* *Ametista* – per l'equilibrio e l'intuito
* *Avventurina* – per la visualizzazione creativa
* *Calcedonio* – per sconfiggere gli spiriti oscuri
* *Calcite* – per proteggersi dalla sfortuna
* *Citrino* – per la motivazione e il successo
* *Cristallo di quarzo* – per leggere i sogni
* *Eliotropio* – per l'abbondanza
* *Ematite* – per ottenere forza e coraggio
* *Fluorite* – per contattare il popolo fatato
* *Giada* – favorisce i sogni potenti
* *Granato* – per proteggersi dalla negatività
* *Rodocrosite* – per comprendere il vero scopo della vita
* *Tormalina anguria* – per leggere il futuro

Charms: Bracciali portafortuna

Molte di noi non si rendono conto che i classici braccialetti portafortuna hanno dei ciondoli i cui simboli magici rappresentano i desideri di chi li indossa.

* Per attirare la *prosperità*, come prima di un colloquio di lavoro, quando si chiede un aumento, o se vi ritrovate con degli arretrati, una moneta fa al caso vostro.
* Per attirare l'*amore*, il simbolo del cuore è l'ideale.
* Per la *creatività in un progetto*, privilegiate un ciondolo a forma di penna o di tavolozza.

L'anello del potere

Un anello d'argento portato sul mignolo della mano destra può arrecare potere fisico e psichico. Per rafforzare il potere magico, fate incidere sull'anello il vostro segno zodiacale o il glifo, e il pentagramma sacro.

Per caricare l'anello di potere protettivo, premetelo sul cuore recintando queste parole:

Anello del potere, circondami con il tuo scudo protettivo. Così sia.

Talismani potentissimi: Totem personali per il successo

Se state realizzando una presentazione importante, se dovete mostrare i vostri quadri a un curatore, se vi state esercitando per un provino di ballo, o proponendo il vostro libro a un editore, potete indossare un talismano che avete realizzato voi stesse per assicurarvi un esito positivo. Molti artisti, atleti e musicisti hanno degli oggetti portafortuna che infondono loro il coraggio di dare il meglio di loro stessi. Io ho un pendente di giada appeso a un cordino di pelle che indosso in simili occasioni. La giada è associata all'abbondanza ed è così liscia al tatto che per me ha anche un effetto calmante. Vi consiglio vivamente di portare un talismano di giada in quanto può essere un importante strumento magico in grado di portarvi fortuna per molti anni.

Per ottimizzare il potere del talismano di giada, prendete in considerazione questi suggerimenti di comprovata efficacia. Tenete a mente che funzioneranno ancora meglio se mettete l'oggetto sull'altare per caricarlo con la giusta energia.

- Per un discorso, presentazione, esibizione o spettacolo, indossate un indumento *rosso*.
- Se vi state preparando per un accordo potenzialmente vantaggioso, dovete indossare qualcosa di colore *verde*.
- Se state cercando di coinvolgere qualcuno che comprenda e condivida la vostra visione creativa, il *blu* è il colore giusto per voi.

Percorrere il sentiero pagano: Le pietre miliari

Da secoli, nei rituali di gruppo e negli incantesimi solitari, le streghe seguono dei percorsi specifici le cui forme simboliche hanno un potente significato spirituale. Tutto che vi serve per questo rituale è una pietra che vi ispiri in modo particolare.

Potrebbe essere la vostra pietra di nascita; oppure il vostro talismano di giada o il quarzo dalle proprietà calmanti, o ancora l'ametista o la labradorite che rafforzano l'intuito. Mettete la pietra in tasca e non vi resta che iniziare. Potete scegliere un percorso che trovate particolarmente prospero per voi. Io vi consiglio di seguire la forma dell'otto, il simbolo dell'«eternità» che compare nella carta del Mago dei tarocchi. Altrimenti, scegliete tra le forme universali indicate qui di seguito. Suggerisco di procedere sempre in senso orario. La lunghezza del percorso è a vostra discrezione, potete rimanere nel salotto di casa, oppure recarvi in giardino o dove vi guida l'intuito. Gli schemi più complessi potete disegnarli su carta, metterli dove potete vederli e usarli come guida:

- ✶ *Ovale*: la forma che designa lo spirito e l'essere divino.
- ✶ *Cerchio*: la forma del sole e della luna; designa l'insieme, ciò che è completo, che non finisce mai e che abbraccia ogni cosa.
- ✶ *Croce*: la forma di una figura umana con le braccia spalancate. L'importanza di questo simbolo precede di millenni il cristianesimo.
- ✶ *Esagramma*: nella tradizione ebraica, l'amato. Formato da due triangoli sovrapposti, rappresenta l'incontro tra il cielo e la terra.
- ✶ *Stella a cinque punte*: ricorda la figura umana con le braccia spalancate e le gambe divaricate – la preferita da Leonardo da Vinci.

Preparatevi per il vostro pellegrinaggio pagano, la vostra meditazione camminata, quando la luna si trova in Sagittario, Acquario o nel segno occupato dalla vostra luna di nascita. Queste camminate rappresentano un viaggio verso il vostro centro e il ritorno verso il mondo, un lavoro interiore che noi streghe dobbiamo fare di tanto in tanto. (Se non sapete in quale segno si trova la vostra luna natale, consultate un astrologo o qualche sito astrologico on-line). Tenete gli occhi chiusi quando muovete il primo passo, poi riapriteli e pregate ad alta voce:

Guida i miei passi; aiutami a procedere nella saggezza.
Ciò che oggi cerco, lo troverò via via con la mente e il cuore aperti.
Oggi ricevo le benedizioni del sole.

Consigli rapidi:

Coltello cerimoniale di cristallo

L'athame, come sapete, non va usato per tagliare ma per innalzare e gestire l'energia. Gli athame ricavati dai cristalli sono diventati popolari in questi ultimi anni e possono essere davvero belli. Prendete in considerazione queste pietre da scolpire, lucidare e da usare come strumento sacro:

- ✶ *Ametista* – apre alle facoltà psichiche.
- ✶ *Celestite* – potenziata da vibrazioni angeliche reca intuito e consiglio.
- ✶ *Selenite* – attira ricchezza e buona fortuna.
- ✶ *Azzurrite con malachite* – stimola l'intelligenza.

Feng Shui con i cristalli

Gemme e statue posizionate in punti strategici della casa sono un valido aiuto per accelerare le vibrazioni positive che attivate mentre eseguite la magia con i cristalli

Utilizzando quello che io chiamo «Feng Shui con i cristalli», potete sistemare un cristallo o un geode oppure un sasso con una forma particolare in una posizione ben precisa della casa per facilitare il cambiamento. Per esempio, l'ametista favorirà la guarigione ed eliminerà l'energia negativa stagnante. I cluster di quarzo citrino attiveranno le vibrazioni dell'abbondanza e della creatività.
Quindi, se volete che in casa vostra o nel vostro ufficio entri più denaro, mettete un grande cluster di quarzo citrino sul lato sinistro della scrivania, e il denaro inizierà ad affluire! Se avete un corridoio buio o una zona della casa o dell'ufficio dove l'energia sembra ristagnare, metteteci una sfera di ossidiana, magari su un piedistallo, affinché assorba l'energia negativa. Se desiderate che nella vostra camera da letto regnino la beatitudine e l'amore incondizionato, il quarzo rosa saprà regalarvi questa preziosa atmosfera.

Calma cristallina

Con il seguente incantesimo sarete in gardo di creare una sensazione di calma estatica e composta.

Tempi: l'incantesimo risulta più efficace se svolto al mattino presto o al crepuscolo, quando la luminosità è ancora incerta.

Impugnate nella mano sinistra la pietra di turchese, utile per radicarsi, e nella destra il cristallo di rocca, che favorisce la calma e la lucidità. Le pietre, dapprima fredde, iniziano a scaldarsi a contatto con la vostra pelle. Avvertitene il calore e meditate nella quiete della luce soffusa. Poi pronunciate questa formula:

Paure e dubbi ecco che se ne vanno,
e serenità e forza entreranno.
In queste pietre io sento la terra, le montagne.
Dalla Natura io ricevo la mia vitalità, che a radicarmi mi aiuterà.
Ora e in futuro, solo gioia sarà.
Senza nuocere a nessuno. Così sia.

Tenete le pietre sul comodino ogni volta che sentite l'esigenza di riacquistare la calma e la lucidità.

Attivare il terzo occhio: Labradorescenza

La labradorite è una pietra straordinaria con una splendida iridescenza. Come la gazza che è attirata dagli oggetti luccicanti, questa pietra cattura ogni volta la mia attenzione. Al primo sguardo sembra opaca, ma a un esame più attento si intravede la lucentezza sotto la superficie. Quando è tagliata e lucidata, è affascinante e ammaliante, con un impressionante scintillio di lampi di colore giallo, azzurro, viola. Questa particolare iridescenza è chiamata labradorescenza. L'effetto è dovuto alla struttura lamellare interna. Deve il suo nome al luogo in cui è stata scoperta, il Labrador, e la si può trovare in India, Finlandia, Russia, Terranova e Madagascar.
Come forse avrete già capito, questo feldspato azzurrognolo è una pietra dell'anima con una energia luminosa potente. Favorisce il viaggio astrale e il collegamento con la coscienza superiore, ed è prediletta dai mistici. Estremamente benefica per la mente, combatte le energie inferiori generate dall'ansia, dallo stress e dai pensieri negativi. Purifica l'aura e ripristina l'equilibrio. La labradorite protegge anche contro le perdite energetiche che possono portare all'esaurimento mentale e alla depressione. È una pietra da tenere in mano mentre si medita, per consentire dei flash psichici, un po' come i lampi di luce all'interno della pietra.

Non avevo idea che fosse anche una pietra in grado di risvegliare i poteri psichici e di attivare il terzo occhio, finché non l'ho appreso dal grande maestro Scott Cunningham. Anche un frammento di questo cristallo particolare è utile in tal senso. Premete il cristallo sul terzo occhio (al centro della fronte) con entrambe le mani, e recitate ad alta voce:

Artemide, Astarte, Atena, Circe,
colmatemi del vostro potere.
Qui e ora vi chiedo di conferirmi la
vostra visione di veggenti.
In questa ora sacra, mi trovo sulla
soglia.
E così sia. A voi sono grata, potenti dee.

Incantesimo per purificare l'energia

Probabilmente i miei amici alzano gli occhi al cielo quando inizio a parlare in modo entusiastico del recente ritrovamento di un cristallo, di un fossile o di un geode affascinante. Non riesco proprio a farne a meno, perché semplicemente adoro i cristalli e non smetterò mai di entusiasmarmi di fronte a questi gioielli che considero i doni più belli che la Dea Madre ci ha elargito. Lei è infinitamente generosa e ci mostra il suo amore con la bellezza e il potere di queste pietre sacre. Nonostante questo, vi raccomando vivamente di purificare sempre tutte le pietre appena acquistate onde evitare che energie estranee si insinuino in casa o influiscano in modo negativo sulla vostra vita o sul lavoro magico. Vi serve solo una ciotola piena di sale, con la quale potete purificare i cristalli che andrete poi ad aggiungere alla vostra cassetta degli strumenti. Mettete il cristallo nel sale, verificando che ogni sua parte sia a contatto con il sale, poi salmodiate questa formula:

Ossa della Madre nostra,
Pietra di questa Terra,
Adesso la tua energia è limpida.
Adesso la tua energia è pulita.
Adesso la tua energia è qui.
Così sia.

Adesso il vostro nuovo bottino è pronto per essere usato.

La pietra del veggente: Scegliere e usare la sfera di cristallo

Quando si valuta una sfera di cristallo, la scelta non deve essere fatta alla leggera. Si tratta di uno strumento molto personale che si impregnerà della vostra energia. Le sfere di cristallo hanno una loro autorità e possono influenzare enormemente lo sviluppo delle nostre facoltà psichiche.

Dovete pensare al cristallo come a un contenitore che ospita la vostra energia, quindi assicuratevi che sia adatto a voi. Quando lo tenete in mano non deve essere né troppo pesante né troppo leggero. Non dovete permettere che qualcun altro tocchi la vostra sfera di cristallo. Se dovesse succedere, immergete subito la sfera nel sale e lasciatevela per una notte intera, affinché si ripulisca dell'energia e dell'influenza esterna. Le sfere di quarzo hanno un potere intrinseco, quindi dovrete fare un po' di pratica prima usarle. Le sfere di cristallo di quarzo puro possono essere molto costose, ma vale la pena spendere un po' di più se intendete sfruttare seriamente il vostro intuito e usare questo strumento per il bene comune. E non aspettatevi che le vostre esperienze siano simili a quelle che vedete al cinema! La maggior parte delle persone di mia conoscenza che usa le sfere di cristallo, compresi molti guaritori e maestri, vedono immagini nebulose e sfocate.

Lavorate con un partner per affinare le vostre abilità psichiche. Sedetevi di fronte al partner, mettendo la sfera tra di voi. Socchiudete gli occhi e fissate la sfera mentre svuotate la mente di tutti i pensieri e vi concentrate sempre di più. Percepirete il terzo occhio, sede tradizionale della consapevolezza psichica, che inizia ad aprirsi e a proiettarsi nella sfera. Praticando in questo modo, eserciterete la mente. Gli schemi che vedete diventeranno sempre più chiari e le vostre impressioni più definite. Dovete fidarvi che ciò che vedete è reale e trovare un punto nel corpo che ve ne dia la conferma. Nel mio caso, lo stomaco sembra essere un altro centro di intuizione. Quando c'è qualcosa che non va «lo percepisco nello stomaco». Spiegate al partner ciò che vedete, poi prestate ascolto a quello che ha da dire mentre vi rivela le sue visioni.

Dovete anche meditare da sole con la sfera di cristallo. In una stanza buia, sedetevi e tenete la sfera tra le mani. Avvicinatela al cuore, poi sollevatela e sfioratevi il centro della fronte, sede del terzo occhio. Dopodiché tenete la sfera davanti ai vostri occhi fisici e, restando immobili, fissatela per almeno 3 minuti. Visualizzate una luce cangiante all'interno della sfera e trattenete l'immagine. Esercitatevi con questa visualizzazione per una mezz'ora, poi riposate la mente, gli occhi e la sfera. Se lo fate tutti i giorni, entro un mese dovreste iniziare ad acquisire una certa abilità nel leggere la sfera.

Quando guardiamo nella sfera di cristallo, è possibile penetrare la trama del tempo, sia il passato sia il futuro. Dapprima potreste intravedere una tremula immagine suggestiva. Alcune di voi forse coglieranno sin dall'inizio visioni nitide. La maggior parte di noi, comunque, deve fare pratica e sintonizzarsi con l'energia della sfera. Dovete stabilire in modo chiaro l'interpretazione che date a ciò che vedete. Molti sensitivi utilizzano la sfera di cristallo nelle loro letture, e alcuni riferiscono di vedervi le immagini delle auree dei clienti. Proiettare delle informazioni che riguardano la vita delle persone è una responsabilità enorme, perciò dovete essere più che sicure in merito a quello che leggete. Imparate a fidarvi del vostro centro dell'intuizione.

Risanare l'aura: Spazzolare l'aura con i cristalli

Tutte abbiamo incontrato dei vampiri psichici, che si impadroniscono di pezzetti di *chi*, o forza vitale, lasciando dei buchi nell'aura (corpo eterico). I punti che hanno bisogno di essere risanati sono facili da individuare, perché diventano molto freddi quando vi passate sopra un cristallo.

Prendete uno dei vostri quarzi preferiti, un'ametista o un citrino, per esempio, e fatelo scorrere attorno a voi a una distanza di circa 7,5 cm. Prendete nota dei punti freddi, poi appoggiatevi il cristallo per circa 5 minuti, finché non diventano più caldi. Questa operazione ripara i buchi nella vostra aura, dopodiché dovreste iniziare ad avvertire un piacevole senso di rinnovata integrità.

Un'altra tecnica meravigliosa consiste nello «spazzolare» l'aura con un cristallo. Prendete una kunzite rosa e partendo dal chakra della corona (sommità del capo) iniziate a «spazzolare», con movimenti lenti e delicati, verso il basso, fino a raggiungere i piedi.

La prossima volta che vi sentite sopraffatte dall'ansia, provate questa tecnica perché dopo vi sentirete più rilassate e nuovamente padrone della vostra vita.

La kunzite è efficace anche per risanare il cuore, perché collabora con il chakra del cuore per portare pace interiore, guarire vecchie ferite d'amore e liberare dal fardello emotivo. In posizione supina, posate una kunzite sul petto, concentrate l'attenzione su questo punto e percepite l'energia curativa che scorre all'interno.

Profezie immediate: Divinazione con i cristalli

Fate riposare il vostro mazzo di tarocchi e create uno strumento di divinazione esclusivo: un sacchetto di cristalli da usare per eseguire le letture. È molto semplice. Riunite le pietre che avete raccolto durante i vostri viaggi e quando andate in giro tenete gli occhi aperti per vedere se trovate altri cristalli. Potete anche acquistare un assortimento di pietre, come corniole, agate, ametiste e piccoli citrini, a un prezzo relativamente economico nei negozi che vendono pietre dure, oppure on-line. L'ideale sarebbe avere tutte le pietre elencate a pag. 123, ma se non è possibile, per iniziare dovreste averne almeno una decina.

Ho utilizzato questo strumento di divinazione per questioni che spaziavano dalla carriera alla ricchezza, dalla salute all'amore e fino ai viaggi. Una volta chiesi se dovevo continuare a lavorare in un posto dove mi sentivo sempre più infelice, così estrassi un occhio di tigre, un'ametista e un quarzo. I cristalli mi dissero che c'era una situazione poco chiara, e che presto mi sarebbe stato rivelato un cambiamento. Non ebbi bisogno di ulteriori conferme per iniziare immediatamente a cercare un altro lavoro. Per fortuna, e con l'aiuto della magia della prosperità, riuscii a trovare una nuova occupazione più remunerativa. Poco tempo dopo essermene andata, un collega mi telefonò per dirmi che la società aveva dichiarato il fallimento dopo anni di truffe finanziarie. Prestate ascolto ai messaggi dei cristalli!

Trovate un bel sacchettino di velluto e quando ne avete bisogno rivolgetevi alle visioni dei cristalli per avere una illuminazione. La maggior parte di noi non può permettersi di avere dei diamanti, quindi, in questo caso, sostituiteli con il cristallo di rocca; per gli smeraldi, optate per il peridot, mentre la corniola può sostituire egregiamente il rubino. On-line oppure nei negozi di articoli New Age si possono trovare dei piccoli esemplari di «rubini grezzi» o di «smeraldi grezzi» a poco prezzo, quindi non è detto che non riusciate a inserire anche queste pietre spirituali.

Lanciare le pietre è un gioco da ragazzi:

1. Scuotete bene il sacchettino.

2. Ponete una domanda.

3. Estraete le prime tre pietre che toccate, poi interpretatele seguendo questa guida.

Significati delle pietre

- *Agata dal pizzo blu*: è necessaria la guarigione spirituale e fisica
- *Agata nera*: guadagni in arrivo
- *Agata rossa*: lunga vita e salute
- *Ametista*: è in arrivo un cambiamento
- *Avventurina*: nuovi orizzonti e crescita positiva
- *Citrino*: l'universo offre l'illuminazione
- *Diamante*: stabilità
- *Diaspro rosso*: necessità di radicarsi
- *Ematite*: nuove prospettive
- *Giada*: vita eterna
- *Lapislazzuli*: fortuna celeste
- *Occhio di tigre*: la situazione non è come sembra
- *Ossidiana fiocco di neve*: i guai stanno per finire
- *Quarzo*: chiarezza dove non c'era
- *Quarzo neve*: grandi cambiamenti
- *Quarzo rosa*: nella vita c'è amore
- *Rubino*: passione profonda e potere personale
- *Smeraldo*: opulenza
- *Zaffiro*: verità

Lunedì
Martedì
Mercoledì
Giovedì
Venerdì
Sabato
Domenica

Capitolo 8

Il tempo è dalla vostra parte:

Ottenere il massimo da ogni giorno sacro

Che ne siamo consapevoli o no, la nostra vita ruota attorno al rituale. Pizza e cinema con i ragazzi il mercoledì sera è un rituale familiare. L'appuntamento del sabato sera è un rituale romantico; andare al centro yoga per svolgere un po' di lavoro spirituale e fisico è un rituale che riguarda la cura di sé; e la tendenza sempre più crescente dei circoli domenicali dove si sferruzza è un meraviglioso rituale della comunità. Noi abbiamo bisogno del rituale per ispirare e arricchire la nostra esistenza, per gestire lo stress e, soprattutto, per dare un senso alla nostra vita.

In questo capitolo il mio obiettivo è quello di incoraggiarvi a introdurre la magia nella vostra esistenza ogni volta che lo desiderate. Noi wiccan spesso officiamo dei riti in occasione delle festività sacre, oppure per celebrare i noviluni o altri eventi celesti, ma la vostra esistenza sarà ancora più ricca se eseguirete un incantesimo e un rito «quando lo spirito vi spinge a farlo». Magari vi sentite prigioniere della routine e avete bisogno di un cambiamento. Oppure avete dei problemi sul lavoro, o volete migliorare la vostra carriera. L'arte magica può aiutarvi... iniziate subito! Potete apportare cambiamenti magici alla vostra vita durante tutto l'anno con i consigli, gli strumenti e gli incantesimi contenuti in questo libro. Adottate quelli migliori, quelli che fanno risuonare davvero le vostre corde e applicateli alla vostra vita. Il rituale è un aspetto molto importante della nostra storia e dovrebbe essere studiato e applicato alle nostre esistenze. Ci fa uscire dalle nostre teste e ritornare nel nostro corpo; ci fa entrare in un luogo dello spirito. Partecipando ai rituali in modo regolare, la vostra saggezza crescerà e avvertirete una maggiore vitalità. I seguenti riti e rituali possono essere eseguiti in qualsiasi momento, ma il loro potere risulta rafforzato se sono praticati nei giorni indicati.

I lunedì son fatti per la magia

Lunedì viene dal latino *dies Lunae*, «giorno della Luna», ed è governato dalla dea della luna che, a seconda delle tradizioni, è indicata in Diana, Cibele, Artemide e Selene. Il primo giorno della settimana lavorativa è associato a tutte le sfumature di blu, dal color zaffiro al perlaceo iridescente. Questo è il giorno dell'intuizione, della riflessione profonda, e dell'amore, soprattutto l'amore per la propria natura autentica.

Lo scudo psichico

In una giornata fredda e ventosa non uscireste di casa senza un maglione o un giaccone, giusto? Io vi consiglio vivamente di non uscire di casa il lunedì mattina senza uno scudo psichico... più in là nella giornata mi ringrazierete. Se ogni settimana lavorativa vi sembra una sfida per la mole di lavoro, le riunioni interminabili, le presentazioni, le telefonate e i numerosi incontri, dovete alzare uno scudo protettivo per poter svolgere un buon lavoro, e uscire indenni da tutti gli impegni e le attività con gli altri.

Visualizzate qualsiasi cosa rappresenti una difesa contro le intrusioni psichiche. Alcuni vedono i portali enormi di un castello, oppure un ponte levatoio, altri visualizzano il guscio di un uovo, ma ho anche sentito parlare di una grande coltre d'argento. Tuttavia io preferisco uno scudo composto di una specie di «campo di forze» che posso alzare o abbassare.

Visualizzo anche un mantello con cappuccio che indosso ogni volta che so di ritrovarmi tra un gruppo di persone con le quali non mi sento a mio agio. Nella mia mente, mi avvolgo nel mantello argentato, poi medito per qualche minuto. Inoltre, la difesa migliore consiste nell'assumere un atteggiamento positivo e una forte percezione di sé. Più praticate la meditazione e la visualizzazione creativa, più abili diventerete.

I sette giorni sacri

Con questa semplice cerimonia vengono riconosciuti la forza vitale e i cicli della natura che sono alla base della nostra creatività.

Di lunedì, mentre accendete sette candele viola, che rappresentano i giorni della settimana, pronunciate ad alta voce questa formula:

Con l'onorare il sole andiamo a cominciare;
con l'onorare la luce andiamo a iniziare.
Per i nostri amici, le nostre famiglie, e coloro che amiamo
queste candele accendiamo.
Che la luce delle candele ricolmi i nostri cuori
del potere della natura;
che la luce delle candele ci ispiri ad aiutare il prossimo e a non fare mai del male.
Che ogni giorno della settimana
possa essere illuminato dalla Luce.
Così sia.

Spegnete le candele e conservatele per la prossima cerimonia del lunedì.

I martedì son fatti per i progetti magici

Martedì deriva il suo nome dal latino *dies Martis*, «giorno di Marte», il dio della guerra e dell'azione, che corrisponde al dio norreno Tyr. Questo giorno veste i colori rosso e rosa. Giorno propizio per tutte le questioni che riguardano la prosperità, la verità, gli esordi, e una energia elevata sostenuta dalla concentrazione.

Incantesimo per fare buona impressione

Avete un colloquio di lavoro, dovete partecipare a una riunione importante, oppure dovete parlare con il vostro nuovo direttore? Va da sé che vogliate fare bella figura nell'affrontare questo nuovo e importante rapporto. Per essere sicure di partire con il piede giusto, che l'incantesimo abbia inizio!

Che cosa vi serve:

- 1 candela arancione
- 1 mela gialla
- 5 semi di zucca
- un citrino o cristallo di rocca

Tutti questi oggetti hanno la proprietà di rafforzare l'intelligenza, di rendere il pensiero lucido e acuto.

Alla prime luci del martedì mattina, mettete tutti gli oggetti sull'altare. Accendete la candela arancione e mangiate almeno mezza mela e tutti i semi di zucca. Gli antichi romani chiamavano il sole *Sol* e lo consideravano una forza invincibile apportatrice di vita. Meditate e visualizzate l'inizio di quello che sarà un incontro di successo, e osservate la luce del sole che lentamente riempie la stanza con la fulgida energia dell'astro giallo-arancione. Recitate questa formula:

Sole, nei tuoi munifici raggi io mi crogiolo,
oggi e nei giorni a venire.
Mentre tu risplendi, risplendo anch'io.
Così sia.

Spegnete la candela e preparatevi a stabilire un rapporto nuovo e produttivo che vi consentirà di conquistare nuove vette.

La fiamma sacra

Ecco un modo meraviglioso per «resettarsi» e tracciare un nuovo percorso con il fuoco. Rito da svolgersi preferibilmente di martedì.

Che cosa vi serve:

- ✶ il vostro calderone, oppure un braciere o una griglia all'aperto
- ✶ salvia per fumigare
- ✶ athame
- ✶ parecchi fogli di carta e una penna

Accendete il fuoco nel contenitore che avete scelto, poi fate bruciare la salvia per fumigare a fondo l'area. Con l'athame tracciate il cerchio magico attorno al fuoco. Sedetevi attorno al fuoco, rilassatevi, e riflettete sulle sfide che vi attendono e che dovete superare.

Su fogli separati annotate ogni problematica alla quale avete pensato. Poi, profondamente consce del vostro intento, date alle fiamme ogni foglio. Meditate in silenzio per qualche secondo, dopodiché scrivete su un altro foglio ciò che vi augurate per il futuro. Ripiegate il foglio e portatelo con voi nel portafogli o nella borsa. La vostra visione del futuro si animerà di vita propria. Concludete il rituale fumigando ancora una volta, e assicurandovi che il fuoco sia completamente spento prima di rientrare in casa.

Questo rito dovrebbe essere svolto almeno una volta all'anno.

Mercoledì è il giorno della comunicazione

Mercoledì deriva il suo nome dal latino *dies Mercurii*, «giorno di Mercurio», il dio alato della comunicazione, che corrisponde al dio supremo Odino (nella sua forma anglosassone Woden) e i cui colori sono il giallo e il verde. Giorno ottimale per fare nuove esperienze o stabilire un contatto nuovo. Associato alla forza, alla gioia, alla teatralità, alla stravaganza, e a una grande capacità di resistenza.

Entrare in comunione con la congrega

Il sentiero della Wicca è spesso solitario, ma non lo deve essere per forza. La stregoneria, di per sé estremamente creativa, lo è ancora di più quando viene praticata in gruppo. Il mercoledì è una giornata meravigliosa per incontrare le persone a noi affini. Invitate quattro delle vostre amiche pagane.

Che cosa vi serve:

- incensiere o turibolo
- 2 candele verdi
- 2 candele gialle
- incenso di palo santo

Sistemate gli elementi rituali su un tavolo che fungerà da altare. Formate un cerchio accanto all'altare tenendo in mano un incensiere o un turibolo. Chiedete a ognuna delle vostre ospiti di rappresentare una delle quattro direzioni: nord, est, sud e ovest. Alle due donne che rappresentano il nord e il sud date le candele verdi, a quelle che rappresentano l'est e l'ovest, quelle gialle. Accendete l'incenso e benedite ogni candela con il fumo dal dolce aroma.

Benedite la candela dell'est con queste parole:
Dall'aria ispirate.

Benedite la candela dell'Ovest con queste parole:
Dal fuoco levigate.

Benedite la candela del Nord con queste parole:
Dall'acqua mondate.

Benedite la candela del Sud con queste parole:
Dalla terra rafforzate.

Insieme cantate:
Così sia.

Concluso il rituale, sedete in cerchio e condividete le vostre idee e la vostra visione creativa. Discutete su come potete sostenervi l'un l'altra per realizzare il vostro pieno potenziale.

I segreti dei veggenti: Pozione per leggere l'avvenire

Se voi e la vostra congrega, o gruppo, desiderate accrescere le vostre abilità intuitive e inventare qualcosa insieme, preparate una pozione creativa in occasione del vostro incontro del mercoledì.

Che cosa vi serve:

- ½ tazza (30 g) di erbe essiccate: kava kava, borragine, artemisia, achillea o tarassaco
- 4 tazze (960 ml) di acqua calda
- una grande teiera
- 4 tazze

Versate l'acqua bollente nella tejera, aggiungete le erbe e lasciate in infusione per 4 minuti, dopodiché versate nelle tazze. Prima che le partecipanti inizino a sorseggiare la bevanda, recitate queste parole:

Dea degli Oracoli, ti prego donaci la vista!
Dio dei Profeti, ti prego donaci la visione!
Parche dell'Avvenire a voi ci rivolgiamo per conoscere la verità.
Senza nuocere a nessuno. Così sia.

Avrete notato che non ho specificato di filtrare le erbe. Questo perché, oltre ai sogni, alle visioni e a tutto ciò che ben presto avrete modo di predire, quando avrete finito di bere la bevanda, potrete interpretare le forme che le foglie lasciano sul fondo della tazza.

- *Mela* - simboleggia conoscenza o successo negli studi.
- *Candela* - indica saggezza e illuminazione.
- *Gatto* - può significare che avete un/a amico/a sleale.
- *Cane* - può significare la presenza di amici fedeli.
- *Uccelli in volo* - rappresentano una lettera che reca un messaggio positivo.
- *Corvi* - sono un segno di guai in vista.
- *Quadrifoglio* - indica che un desiderio si avvererà.
- *Figure simili ad aquiloni* indicano che una buona notizia sta volando da voi.
- *Lettere* si riferisce a una persona il cui nome inizia con quella lettera.

I giovedì vi porteranno fortuna

Giovedì è un giorno eccellente per manifestare. Il suo nome deriva dal latino *dies Iovis*, «giorno di Giove», divinità equivalente di Thor nella tradizione norrena. Rivolgetevi a questi due dèi quando avete bisogno di fare appello alla spiritualità come approccio per risolvere una questione legale. Potente è la loro protezione, da invocare nei rituali. Potete, e dovete, svolgere i rituali di prosperità ogni giovedì rivolgendo delle preghiere e facendo offerte a queste antiche divinità associate alla fortuna e all'abbondanza. Dèi sulla cui generosità si può sempre fare affidamento.

Visualizzare un futuro luminoso: Incantesimo gioviano

Di giovedì, mentre il sole tramonta, potete entrare in contatto con questa divinità gentile e benevola, che può irradiare la sua fulgida luce sulle vostre imprese e la vostra produttività. Il giovedì è governato da Giove e il suo colore è il blu.

Che cosa vi serve:

* ✶ mortaio e pestello
* ✶ ½ cucchiaino di resina di ambra e di patchouli
* incensiere oppure un piattino d'argilla o di vetro resistente al calore
* 1 candela blu
* olio essenziale di ambra

Sminuzzate la resina di ambra e il patchouli nel mortaio. Bruciate l'incenso nell'incensiere o nel piattino. Ungete la candela blu (colore associato all'espansione e all'energia gioviana) con l'olio essenziale di ambra. Accendete la candela e meditate fissando la fiamma, inspirando a fondo il dolce e fragrante profumo dell'olio. Mentre meditate, riflettete sul fatto che a volte dubitate di voi stesse e dei vostri istinti. Visualizzate questi dubbi che vengono spazzati via. Pensate ai vostri talenti e al vostro potenziale recitando nel contempo queste parole:

Giove, grande dio del cielo
mentre tu prosperi, prospero anch'io.
Proprio ora, sotto la tua luce blu,
vedo il mio futuro luminoso.
Così sia.

Spegnete la candela e insieme alle ceneri dell'incenso gettatela nel camino o nel calderone. La candela va distrutta completamente perché contiene l'energia della vostra critica interiore.

Soccorso a distanza

Tutte abbiamo amici e persone care che vivono a molti chilometri di distanza e che possono avere bisogno del nostro aiuto. La magia a distanza può essere molto efficace, quindi, di giovedì, provate questo rituale con il vostro gruppo. Con il mio cerchio spirituale ha funzionato molto bene.

Che cosa vi serve:

* la fotografia dell'amico/a che ha bisogno oppure un altro simbolo che lo rappresenti
* una campanella
* un vaso di fiori gialli
* foglio e penna

Prendete la fotografia dell'amico/a o il simbolo che lo/la rappresenta, per esempio un regalo che vi ha fatto, oppure un biglietto da visita, e mettetelo su un tavolo. Attorno sistemate la campanella e il vaso con uno (o più) di questi «fiori della fortuna»: nasturzi, papaveri gialli, margherite, rose gialle, o il fiore preferito dell'amico/a.

Prendete il foglio e scrivete nome e cognome dell'amico/a. Dopodiché recitate questa formula:

Su questa terra e sotto queste stelle, gli dèi e le dee io invoco affinché rechino aiuto e fortuna a _________ (nome dell'amico/a).

Suonate la campanella.

Attraverso l'aere e le acque, affrettatevi nel nome di ___________.

Suonate la campanella.

Attraverso il fuoco e la pioggia, recate aiuto, buone intenzioni e benedizioni a _______.

Suonate la campanella per la terza volta.

Tutto il gruppo trasmette energia positiva all'amico/a lontano/a dicendo: «Noi ti vogliamo bene, __________», dopodiché la campanella viene suonata vigorosamente un'ultima volta.

I venerdì son fatti per divertirsi

Il venerdì dovrebbe essere il giorno preferito della settimana, soprattutto la sera, dal momento che è associato a Venere (*dies Veneris*), dea dell'amore, e a Freya, potente dea del pantheon nordico, associata anch'essa all'amore. Per questo motivo il venerdì è il giorno migliore per uscire e socializzare, sia che si tratti di un incontro galante, di una serata tra amiche, o di una bella cena con i familiari e gli amici. State in compagnia, ridete e divertitevi.

La magia amplificata: Preghiera per trovare anime affini

Forse, ciò che vi occorre è una persona che vi sostenga, incoraggi e collabori con voi nello svolgimento delle operazioni magiche. Questo incantesimo, svolto di venerdì sera, con la luna crescente, vi porterà la persona che desiderate.

Che cosa vi serve:

- 1 limone
- 1 arancia
- 2 rametti di rosmarino
- 1 candela arancione
- un piattino d'argilla o di vetro resistente al calore

Sistemate gli agrumi e i rametti di rosmarino attorno alla candela arancione. Accendete la candela e intonate questo canto:

In questa notte
io invito
una nuova energia che diletto rechi
sotto questo lucore lunare. Così sia.

Usando la fiamma della candela, accendete la punta dei rametti di rosmarino e metteteli nel piattino. Il rosmarino sprigiona un fumo purificatore molto potente. Nell'antichità era utilizzato come incenso dai sacerdoti e dalle sacerdotesse greche e romane e da profeti e veggenti. Purifica l'aura e spiana la strada alla magia. Ben presto la persona che cercate si paleserà.

Rituale di amicizia e allegria

Per rafforzare il legame tra voi e le vostre amiche, condividete questo rito di amicizia e allegria.

Che cosa vi serve:

* una bottiglia di vino rosso
* 1 calice a testa
* candele rosa e porpora: 1 per ogni partecipante
* incenso di rosa e di vaniglia: 1 bastoncino per ogni partecipante
* un vassoio capiente
* incensiere

Di venerdì sera, sedetevi sul divano attorno a un tavolo oppure per terra, su dei morbidi cuscini, formando un cerchio. Posizionate al centro il vassoio sul quale avete messo la bottiglia di vino, i calici, le candele, l'incenso e l'incensiere. Ogni partecipante accende una candela e un bastoncino d'incenso. Agitate i bastoncini d'incenso poi infilateli nell'incensiere. Adesso versate il vino nei calici, poi intonate ad alta voce questa preghiera affinché tutte le vostre ospiti possano sentirvi:

Figlie sotto questo sole,
sorelle sotto questa luna,
nel vincolo i nostri cuori e le nostre menti stanotte uniamo.
Così sia.

Ripetete la formula per due volte, porgete a ciascuna partecipante un calice di vino, poi brindate. E che il divertimento abbia inizio! I termini femminili possono essere sostituiti con quelli maschili.

I sabati li dedico a me

Associato al nero, al bianco e al grigio, il sabato è il giorno di Saturno (*dies Saturni*), governatore e giudice. È il giorno in cui dobbiamo fare la spesa per la settimana, svolgere delle commissioni e occuparci delle faccende personali, e concludere la giornata con una decorosa cena con gli amici e le persone care.

Una sacrosanta cura di sé: Olio rilassante per massaggi

Il weekend è il momento migliore per prendersi cura di sé. Oggi più che mai, con tutta la frenesia e il caos che ci circondano, abbiamo bisogno di occuparci di noi stesse. Il legno di sandalo, la lavanda e la salvia sclarea creano una miscela profondamente distensiva dal profumo sensuale. Rilassante e al tempo stesso stimolante, è una combinazione perfetta.

Che cosa vi serve:

- ✶ 6 gocce di olio essenziale di legno di sandalo
- ✶ 6 gocce di olio essenziale di lavanda
- ✶ 6 gocce di olio essenziale di salvia sclarea
- ✶ ½ tazza (120 ml) di olio vettore di jojoba o di mandorle
- ✶ un flacone di vetro scuro con contagocce
- ✶ 1 tazza (240 ml) di acqua tiepida

Versate gli oli essenziali e l'olio vettore nel flacone. Chiudete bene e agitate delicatamente il contenuto per mischiare gli oli. Conservate in un luogo buio. Prima di applicarlo su di voi o sulla persona amata, agitate bene. Potete riscaldare la miscela immergendo il flacone nell'acqua tiepida, dove lo lascerete per 4 minuti. Molti massaggiatori scaldano l'olio tra le mani. Entrambi i modi rafforzano le proprietà rilassanti.

Incantesimo del sabato per contattare gli spiriti

Al di fuori del mondo della stregoneria, pochi sanno che il sabato è il giorno ottimale per contattare coloro che hanno superato il velo. Quando Samhain, che segna la fine della stagione del raccolto, cade di sabato, dà impulso alla nostra abilità di stabilire un contatto con l'altro mondo. Dopo l'imbrunire, potete parlare con i vostri cari o con altre persone che desiderate contattare.

Che cosa vi serve:

✶ una ametista di un viola molto scuro, una ossidiana e/o una pietra di luna arcobaleno (v. incantesimo)

✶ il vostro Libro delle Ombre e una penna

✶ un incenso dal profumo intenso, come quello di olibano, di legno di sandalo oppure il nag champa (incenso tibetano)

✶ un piattino di argilla o di vetro resistente al calore

✶ salvia per fumigare

Potete usare un esemplare di ciascun cristallo, oppure tre esemplari dello stesso cristallo. Sedetevi in una posizione comoda sul pavimento o su un cuscino tenendo accanto a voi il Libro delle Ombre e la penna. Dall'Alta Sacerdotessa Z. Budapest, ho appreso quanto segue: «Ai defunti piacciono molto gli incensi, soprattutto quelli che hanno una fragranza intensa, ed è proprio questo che li attira». Accendete l'incenso che avete posato sul piattino, e passate i cristalli nel fumo. Poi sfioratevi il terzo occhio con uno dei cristalli, e visualizzate la persona che desiderate contattare. Riponete il cristallo accanto al piattino dove l'incenso, bruciando, sprigiona il suo intenso profumo. Impugnate gli altri due cristalli e pronunciate ad alta voce questa formula:

***Grande Dea, qui e ora invoco* ____________**
(nome dello spirito).
Al di qua del velo, io a te m'inchino.
Di parole di saggezza abbiam bisogno, qui e ora.
Pace e amore qui troverai.
Senza nuocere a nessuno. Lodata tu sia.

Adesso passate il Libro delle Ombre nel fumo dell'incenso e iniziate a trascrivere i messaggi. Qualunque cosa vi passi per la mente corrisponde a quello che dovete sapere. Dopo qualche minuto, ringraziate lo spirito e congedatelo, guidandolo a ritornare oltre il velo. Spegnete l'incenso, accendete la salvia, e fumigate bene la stanza. Riponete il Libro delle Ombre sull'altare e riflettete sul messaggio che questo spirito generoso vi ha trasmesso.

Le domeniche son fatte per crogiolarsi al sole

La domenica è il giorno della nostra stella più grande, il Sole (*dies Solis*), e i suoi colori sono l'oro, l'arancione e il bianco cangiante. Una giornata dedicata al riposo, al rinnovamento, alla creatività, e al godimento dei frutti della vita. La domenica è ideale per lanciare incantesimi per ottenere fama e fortuna.

Affermazioni magiche

Le domeniche sono ideali per rafforzare la stima e la fiducia in voi stesse.

Di domenica mattina, dopo le abluzioni, quando le vostre condizioni sono al top: ben riposate, appena lavate, luminose, pronunciate queste parole potenti:

Splendida e bellissima, io sono
e la mia saggezza ogni giorno cresce.
Io ho successo.
Io prospero.
Lode a voi e lode a me.

Sentitevi libere di creare le vostre affermazioni personali, se vi sentite ispirate. Questo rituale della domenica è semplicemente divino e stimolante. Se agisce anche su di voi, come ritengo, forse vi piacerà ripeterlo ogni domenica mattina. Che siate benedette!

Domenica santificata:
Incantesimo per un successo assicurato

Questo è uno dei modi in cui sono riuscita a ottenere un lavoro importante quando arrivai a San Francisco, benché non fossi proprio del tutto qualificata e avessi l'aspetto di una zoticona dopo aver guidato per quattro giorni consecutivi, attraversando la nazione da un capo all'altro. Ero a pezzi e fresca di laurea, senza alcuna esperienza lavorativa, ma ciononostante riuscii a ritagliarmi un po' di fortuna. Anche voi potete farlo con questo incantesimo infallibile.

Di domenica sera, accendete una candela dorata prima di mettervi alla ricerca di un lavoro, o di recarvi a un colloquio di lavoro. Ripetete la formula per tre volte mentre visualizzate il lavoro che desiderate:

Ecco il lavoro perfetto per me; ecco un luogo di abbondanza.
Il desiderio del mio cuore, io seguo.
Il mio nuovo capo non se ne pentirà mai.
Questo lavoro mi verrà affidato ADESSO.
Senza nuocere a nessuno.
Così sia.

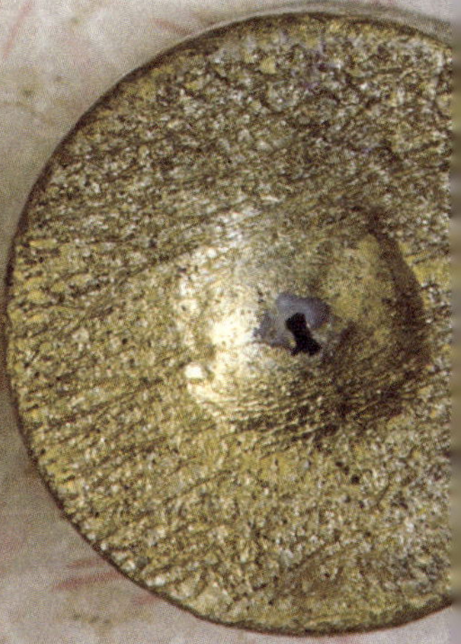

Conclusioni

Riempite la vostra vita di magia

In questi ultimi anni stiamo assistendo a una rinascita della stregoneria. Le domande più frequenti che mi sento rivolgere dagli amici, o che mi vengono poste sul mio profilo Facebook, riguardano il modo in cui gestire lo stress, la tensione, e la frenesia della vita moderna. Sono onorata di poter essere d'aiuto in tanti piccoli modi, e sono alla continua ricerca di nuovi metodi di guarigione attraverso la magia, di nuove ispirazioni e di nuovi incantesimi per una sana cura di sé.

Grazie alla mia esperienza personale e a quella acquisita con il mio gruppo, adesso so che gli incantesimi e i rituali possono essere strumenti di guarigione in sé e per sé. I riti e i raduni rituali regolano le nostre esistenze, individualmente e come gruppi. Antropologi, psicologi e altri studiosi della razza umana hanno dimostrato che il rituale esiste sin dagli albori del tempo e che ha sempre svolto un ruolo importante nella cultura. Gli studiosi della psiche, compreso Freud, che hanno analizzato in modo articolato il ruolo del rituale, parlano del suo potere e di come sia in grado di unire le persone fisicamente ed emotivamente. Il rituale crea delle «comunità» dalle quali nasce un senso di unità, di armonia e di appartenenza.

Questi momenti magici sono molto importanti; significa uscire dalla routine quotidiana per andare ad esplorare un livello di coscienza più elevato. Io credo che svolgere un rituale equivalga ad abbracciare la vita stessa. Anche 5 minuti di tempo sacro possono cambiare in meglio la vostra vita. Ed è questo che mi auguro per voi: una vita più ricca grazie a questi facili incantesimi e formule magiche. Che possiate godere di una maggiore tranquillità mentale, prosperità, amore e gioia pura!

Risorse

Fasi lunari e astrologia lunare
Per le fasi lunari, i segni solari e lunari, e molto altro:
almanac.com/topics/astronomy/moon/moon-phase
The Old Farmer's Almanac è disponibile anche in formato cartaceo:
store.almanac.com

Miti e leggende sulla luna, tradizione erboristica, e informazioni astrologiche:
thewitchesalmanac.com

Cristalli
Cristalli, sali himalayani, fossili, gemme e gioielli:
crystalsbynature.com

Cristalli, bacchette, sculture in cristallo, e gioielli:
crystalage.com

Legno fossile e fossili:
www.fossilera.com/fossils-for-sale/petrified-wood

Pietre di nascita, cristalli, e tradizioni:
birthstonemagic.com

Oli essenziali, incenso ed erbe
Consigli su come usare in modo sicuro gli oli essenziali:
www.aromaweb.com/articles/safety.asp

Oli essenziali, oli vettore, prodotti per realizzare saponi e candele:
junipertreesupplies.com

Incensi, bruciatori, ed erbe:
herbsandarts.com/incense-burners

Erbe essiccate, oli essenziali, acque floreali e libri:
scarletsage.com

Festività
I quattro Sabbat maggiori:
Imbolc – 2 febbraio
Beltane – 1 maggio
Lammas – 1 agosto
Samhain – 31 ottobre

I quattro Sabbat minori:
Ostara/Equinozio di primavera – 20-21 marzo
Litha/Solstizio d'estate – 21-22 giugno
Mabon/Equinozio d'autunno – 20-21 settembre
Yule/Solstizio d'inverno – 21-22 dicembre

Il calendario della strega: altri giorni sacri che celebrano le donne

6 gennaio – Festività in onore di Sirona, dea celtica guaritrice, durante la quale si benedicono le acque

11 gennaio – Carmentalia, festività in cui si celebrano i misteri femminili, la profezia e la nascita

2 febbraio – Giorno di santa Brigida, in avviene l'iniziazione delle nuove streghe

14 febbraio – Settimana dedicata ad Afrodite, de dell'amore (San Valentino)

30 marzo – Festa della fertilità, un rito di primavera per piantare e seminare

28 aprile – Festa di Flora, in cui si celebra il risveglio primaverile della natura

1 giugno – Festival di Epipi, una esortazione della luna piena e dei suoi misteri

9 giugno – Vestalia, festa in onore di Vesta, la dea romana del focolare

7 luglio – None Caprotinae, feste della Roma antica in onore di Giunone, in cui si celebrava la fecondità.

13 agosto – Festa in onore di Diana, dea della caccia e della luna, venerata con fuochi e pellegrinaggi

21 agosto – Consualia, in cui si saluta l'imminente raccolto con danze, banchetti, canti e attività sportive

19 dicembre – Opalia, festa in onore di Opi, antica divinità degli agricoltori e della fertilità

Indice analitico

Ringraziamenti

Un grazie immenso all'editore Cindy Richards e alla CICO Books, è stato un vero piacere lavorare a questo libro, un oggetto bello e una delizia per gli occhi. La fotografia e lo stile di Belle Daughtry sono brillanti e offrono molto ai lettori. Grazie a Eliana Holder per il design elegante; l'impaginazione è semplicemente fantastica. Il mio profondo apprezzamento alla redattrice, Sophie Elletson, per come ha saputo trasformare in oro le mie parole.

Qui, le vere maghe sono Carmel Edmonds e Kristine Pidkameny. Senza di loro nulla di tutto questo sarebbe stato possibile e io sono una scrittrice oltremodo fortunata per avere avuto l'onore di lavorare con queste due donne sagge e meravigliose. CICO Books pubblica delle opere d'arte e io non posso che essere grata a tutto lo staff per l'attenzione e la maestria che mettono nelle loro pubblicazioni.

Crediti fotografici

Tutte le fotografie sono di Belle Daughtry, tranne le seguenti:
pag. 38: Clare Winfield
pagg. 42, 118 e 137: Crystal photography by Roy Palmer
pagg. 54, 136 e 138: Kate Whitaker
pag. 134: William Reavell